Au delà du ressentiment.

Réplique à Marc Angenot

Du même auteur

Le quatuor d'Alexandrie de Lawrence Durrell, Paris, Hachette, coll. «Poche critique», 1975.

Lecture politique du roman québécois contemporain, Montréal, UQAM, coll. «Cahiers du Département d'études littéraires», n° 1, 1984.

Le social et le littéraire. Anthologie, Montréal, UQAM, coll. «Cahiers du Département d'études littéraires», n° 2, 1984.

L'avant-garde culturelle et littéraire des années 1970 au Québec (dir.), Montréal, UQAM, coll. «Cahiers du Département d'études littéraires», n° 5, 1986.

Le roman national, Montréal, VLB éditeur, coll. «Essais critiques», 1991.

Littérature et société (dir., en collaboration avec Lucie Robert et Jean-François Chassay), Montréal, VLB éditeur, coll. «Essais critiques», 1994.

Les habits neufs de la droite culturelle, Montréal, VLB éditeur, coll. «Partis pris actuels», 1994.

Le poids de l'Histoire: littérature, idéologies, société du Québec moderne, Québec, Nuit blanche éditeur, coll. «Essais critiques», 1995.

L'écriture mythologique. Essai sur l'œuvre de Victor-Lévy Beaulieu, Québec, Nuit blanche éditeur, 1996.

JACQUES PELLETIER

AU DELÀ DU RESSENTIMENT

RÉPLIQUE À MARC ANGENOT

COLLECTION DOCUMENTS

XYZ éditeur

La publication de ce livre a été rendue possible grâce à
l'aide financière du Conseil des Arts du Canada,
du ministère des Communications du Canada,
du ministère de la Culture et des
Communications du Québec.

XYZ éditeur
1781, rue Saint-Hubert
Montréal (Québec)
H2L 3Z1
Téléphone: 514.525.21.70
Télécopieur: 514.525.75.37

et

Jacques Pelletier

Dépôt légal: 4ᵉ trimestre 1996
Bibliothèque nationale du Canada
Bibliothèque nationale du Québec
ISBN 2-89261-187-3

Distribution en librairie:
Dimedia inc.
539, boulevard Lebeau
Ville Saint-Laurent (Québec)
H4N 1S2
Téléphone : 514.336.39.41
Télécopieur : 514.331.39.16

Conception typographique et montage : Édiscript enr.
Maquette de la couverture : Zirval Design

Table

À Gérard Bouchard,
Fernand Dumont
et Robert Major,
intellectuels d'ici et du monde

Le rationalisme spéculatif est hors d'état de rendre raison des rapports concrets unissant — dans la cité comme dans l'intime du citoyen — les abstractions qu'il a lui-même séparées et dogmatiquement calcifiées. C'est pourquoi l'intellectualiste ne peut même plus remplir sa fonction d'intellectuel, c'est-à-dire de médiateur ou d'intermédiaire entre le temporel et le spirituel, les faits et les valeurs, puisqu'il a lui-même supprimé l'espace du milieu où loger la relation. Le clerc hyperbolique devient un clerc inexistant : il s'annule par exagération.

RÉGIS DEBRAY,
Le scribe. Genèse du politique

[...] il ne suffit pas de parler contre le ressentiment pour en être exempt ; on connaît trop cette ruse de la dénégation, on pourrait en citer tant d'exemples.

JACQUES DERRIDA,
Notes pour un courrier
aux Temps Modernes

Avant-propos

La défaite référendaire de mai 1980 avait été suivie d'une sorte de déprime collective. Le Parti québécois, dirigé par un René Lévesque déconfit, s'affaissait, allant jusqu'à accepter le « beau risque » du renouvellement du fédéralisme proposé par Brian Mulroney. Les petites organisations politiques d'extrême gauche, si bruyantes durant la décennie antérieure, s'autoliquidaient en douce, l'une après l'autre, dans l'indifférence générale. Les intellectuels critiques qui, au cours des années 1960 et 1970, s'étaient engagés très activement dans l'animation de revues culturelles ou dans le mouvement populaire et syndical, prenaient leur retraite ou se recyclaient professionnellement, devenant des « experts » désengagés dans leur domaine de spécialisation. Plus radicalement encore, certains se réfugiaient dans un silence définitif, abandonnant le terrain à une nouvelle génération d'intellectuels libéraux et réformistes plus en accord avec l'air du temps imprégné par les valeurs de la classe montante des entrepreneurs qui impose son ordre moral à une société désormais sous sa gouverne.

La défaite référendaire de l'automne de 1995 n'entraîne pas les mêmes conséquences. Elle ne provoque pas, comme on pouvait le craindre, un désenchantement démobilisateur. Bien au contraire, elle semble donner une impulsion nouvelle au débat politique et social. Aux indépendantistes, elle fournit la preuve qu'une victoire du « oui » est possible, qu'il s'agit là non plus d'un projet utopiste, mais d'une éventualité tout à fait réalisable pour peu qu'ils se dotent d'une stratégie conséquente. Aux fédéralistes, elle sert de sonnette d'alarme, les appelant à la vigilance et à la lutte contre une menace désormais imminente, les tirant du coup « du confort et de l'indifférence » dans lesquels le référendum de 1980 les avait laissés.

Cette « urgence » nouvelle explique dans une large mesure la relance du combat linguistique. C'est la bataille référendaire qui se poursuit en se déplaçant sur ce terrain spécifique. Il s'agit pour les anglophones fédéralistes de marquer des points en faisant reculer l'État québécois ou, à tout le moins, d'en révéler le vrai visage ethnocentriste, discriminatoire à l'endroit des minorités non francophones.

C'est l'objectif avoué des groupes de pression anglophones, d'Alliance-Québec aux excités dirigés par Howard Galganov qui constituent l'avant-garde agressive de cette nouvelle offensive. Les partitionnistes les plus extrémistes trouvent de même leurs arguments dans cette nouvelle donne, substituant au vieil épouvantail d'un désastre économique appréhendé, si efficace naguère et désormais sans portée, celui de la divisibilité, de la séparabilité du territoire québécois. Scénario apocalyptique qu'illustrent dramatiquement les exemples terrifiants des guerres civiles de l'ex-Yougoslavie et de l'ex-Russie complaisamment évoquées comme figures probables de ce qui arriverait ici si jamais le « oui » devait finalement l'emporter.

Cette « urgence », tellement présente dans les récents enjeux proprement politiques autour de la question nationale, on la retrouve également dans le discours de certains intellectuels fédéralistes. Elle se traduit notamment par une diabolisation du projet indépendantiste et de ceux qui le portent. Cette représentation fortement fantasmatique exprime une auto-intoxication et un aveuglement stupéfiants, provenant en effet d'intellectuels « avertis » et qui en ont pourtant « vu bien d'autres ».

Les interventions récentes d'un Marc Angenot et d'une Régine Robin, à qui une Nadia Khouri avait frayé le chemin, constituent des illustrations particulièrement éloquentes de cette panique qui s'est emparée de certains milieux fédéralistes et qui les entraîne dans de curieux dérapages.

Le Québec, pour ces « dissidents », serait devenu « irrespirable sur le plan culturel et idéologique », affirme de manière péremptoire Régine Robin dans un numéro récent de la revue *Spirale*[1]. Elle reprend ainsi à son compte une affirmation célèbre de la petite Jutras qui avait, au moins, l'excuse de la jeunesse. Ces « dissidents » seraient rien de moins que des « exclus » dans une société qui pratiquerait un « totalitarisme *soft* », ainsi que le prétend un René-Daniel Dubois jamais à court de formules et d'images, semblable en cela à Jacques Godbout, mais souvent en panne de pensée et toujours en manque de jugement. Ils seraient donc marginalisés, si l'on en croit l'auteure de *La Québécoite*, relégués dans le goulag de la non-conformité, ostracisés pour déviance idéologique dans la mesure où ils refusent la « pensée unique » d'un nationalisme ethnique, réactionnaire et dominateur par essence. Bref, il leur serait interdit de penser.

---

1. Régine Robin, « Vieux schnock humaniste cultivé et de gauche cherche coin de terre pour continuer à penser. Nationalistes s'abstenir. Répondre au journal *Spirale*. Discrétion non assurée », *Spirale*, n° 150, septembre-octobre 1996, p. 4.

L'affirmation est grave et, si elle était juste, elle obligerait tous les intellectuels et tous les citoyens qui se respectent à se mobiliser pour la défense de ces «opprimés». Elle est grave, sauf qu'elle demeure indémontrée et, jusqu'à preuve du contraire, invérifiée et invérifiable. Le seul «goulag» que ces «exclus» connaissent, c'est celui que constitue la Société royale du Canada. On peut trouver pire.

Parler de «dissidence», dans la présente conjoncture, n'a aucun sens. C'est une figure de style, une image hyperbolique, construite en référence à des situations réelles et douloureuses d'oppression qui n'ont rien à voir, ni de près ni de loin, avec la leur. C'est une coquetterie d'assez mauvais goût. Les seuls vrais «dissidents» ici, ce sont des militants comme Michel Chartrand, Charles Gagnon et Pierre Vallières qui, eux, ont connu les prisons de l'État fédéral — sous l'administration «libérale» de Trudeau — et qui n'ont jamais revendiqué cette appellation. Elle leur conviendrait pourtant mieux qu'aux «exclus» auto-proclamés qui font état de leurs humeurs chagrines sur toutes les tribunes auxquelles ils ont accès depuis quelques années : s'ils n'ont pas le droit de penser, le moins que l'on puisse dire c'est qu'ils ont le droit de parole !

Ce discours de victimisation provoque parfois une certaine déstabilisation chez les intellectuels nationalistes et indépendantistes souvent portés à la culpabilisation. Peu sûrs d'eux-mêmes et de leurs positions, impressionnés par des adversaires aussi prestigieux, reconnus et célèbres que le sont les exclus et les marginaux en question, ils en viennent à se demander piteusement si ceux-ci, au fond, n'auraient pas raison : leur nationalisme, après tout, n'est peut-être pas aussi ouvert et progressiste qu'ils le croient ; il comporte sans doute une part de griefs et de ressentiment qui le rend moins généreux qu'ils ne le pensent ; il peut — des esprits sérieux le leur affirment — déclencher de vives réactions chez la minorité anglophone et, qui sait, engendrer à terme la « guerre civile » — rien de moins. D'où leur désarroi : ils pourraient être responsables de ce « crime ». Désireux de l'éviter, ils en viendraient pour peu à réviser ce projet (et même à y renoncer), projet pour lequel ils luttent depuis si longtemps et qui a toujours représenté pour eux une libération qu'on leur décrit maintenant comme une régression.

Contrairement à ce que croient Angenot et Robin, les intellectuels nationalistes et indépendantistes ne sont guère des « conquérants » sûrs d'eux-mêmes et de leurs options. Ils sont souvent tourmentés, s'interrogeant sur la légitimité et les conséquences de leurs choix. Sauf exceptions, et il y en a, de Gilles Rhéaume à Guy Bouthillier, ils s'interrogent et, à tout le moins, prennent en considération les points de vue de leurs adversaires. J'en sais quelque chose, ayant été ébranlé à quelques reprises par certains arguments d'interlocuteurs perçus comme de possibles alliés. Cela m'arrive moins souvent maintenant, n'étant guère impressionné par les arguments d'autorité, surtout lorsqu'ils sont assenés sous la forme de sautes d'humeur qui doivent être prises pour ce qu'elles sont : des caprices de diva.

Cela étant dit, il est vrai que le néonationalisme québécois est aujourd'hui sous hégémonie libérale. Son principal promoteur, le Parti québécois, est dirigé par d'ex-conservateurs comme son chef actuel et par des partisans de l'économie de marché comme Bernard Landry et consorts. Son aile social-démocrate est rachitique. Cela n'incline guère les intellectuels et les militants «de gauche» à se situer de ce côté-là de l'échiquier politique. D'où les réserves et la prise de distances de plus d'un, dont Laurent-Michel Vacher à titre d'exemple, pourtant indépendantiste de longue date et qui juge maintenant que la «question nationale» doit être mise entre parenthèses, sinon renvoyée aux calendes grecques, au profit d'autres enjeux plus importants comme l'éducation ou la gestion des rapports sociaux.

C'est un point de vue qui ne manque pas d'intérêt, mais qui pose problème dans la mesure justement où tout se passerait, si on l'adoptait, comme si cette encombrante «question» n'existait plus, alors qu'on sait pertinemment qu'elle demeure irrésolue. Ce n'est pas parce qu'on détourne pieusement les yeux d'un problème qu'il disparaît miraculeusement; il continue d'exister sous la forme d'une hantise ou d'un regret. On peut estimer qu'il est préférable de «s'en débarrasser» en le menant à terme, en faisant donc l'indépendance, quitte à ce qu'elle ne soit pas exactement comme on l'avait rêvée.

C'est l'attitude que j'adopte pour ma part face au projet national qui nous est soumis : le soutenir tout en tentant de l'infléchir dans le sens de l'émancipation la plus large pour tous. De toute manière, l'autre choix qui nous est proposé, le fédéralisme revampé par les Dion, père et fils, ne nous offre rien d'autre qu'une lente mais inexorable chute dans le creuset américain.

La préservation d'un espace et d'une culture, majoritairement de langue française, à condition qu'elle soit accueillante, dans un coin d'Amérique sous hégémonie anglophone, ne représenterait tout de même pas un «crime contre l'humanité» comme semblent le croire certains. Elle pourrait au contraire s'avérer être une possible victoire contre le rouleau compresseur et uniformisateur qui nous menace tous[2].

•

Dans cet essai, je me livre à une critique serrée, par moments polémique, de la prise de position récente de Marc Angenot, un de ces exclus intempestifs, sur la « question nationale ». Comme on ne saurait être trop explicite pour être correctement compris dans ce « bordel de pays » comme disait Ferron, je signale que j'ai déjà dit tout le bien que je pensais, oralement et par écrit, des travaux de Marc Angenot inspirés par la théorie du « discours social ». Je ne retire rien concernant son apport théorique et méthodologique en dépit des réserves majeures que j'entretiens maintenant à l'endroit du citoyen et idéologue qui porte le même nom.

---

2. Voir à ce sujet les articles de François Brune et de Susan George dans *Le Monde diplomatique* du mois d'août 1996 sur le néolibéralisme comme « pensée unique » de notre époque.

I

« La charge de l'orignal épormyable »

Exhibant ses titres et ses prix visiblement pour en imposer comme d'autres bombent le torse pour faire miroiter leurs décorations et leurs médailles de guerre, Marc Angenot se livrait récemment dans *Le Devoir* à une charge à l'emporte-pièce contre les nationalistes québécois en général et de manière plus particulière contre les intellectuels qui leur seraient inféodés[1].

Ce qui a surtout frappé les observateurs et les intervenants qui lui donnèrent la réplique au cours des semaines suivantes, c'est le style emprunté par le chercheur qui contrastait vivement avec son discours habituel fait de finesse et de modération. La rhétorique fonctionnant à la crise de nerf et au coup de sang, ce n'est généralement pas la marque de commerce d'Angenot qui, dans ce texte rageur, paraît se livrer à une sorte d'*acting-out*, de passage à l'acte traduisant vraisemblablement une blessure secrète et douloureuse du type de celles qui nourrissent le ressentiment et la hargne dont son dernier livre propose justement l'analyse et le diagnostic : curieux retour du refoulé !

---

1. Marc Angenot, « Démocratie à la québécoise », *Le Devoir*, 13 juin 1996.

Dans cet article en forme de pamphlet, il s'en prend tour à tour aux politiciens nationalistes démagogues, dont au premier chef Lucien Bouchard, aux journalistes trop veules pour lui poser les « bonnes questions », aux caricaturistes des médias écrits qui préfèrent se moquer de Guy Bertrand plutôt que de s'en prendre aux pouvoirs, enfin aux intellectuels qui « trahiraient » leur mission soit par inconscience et ignorance dans le meilleur des cas, soit par lâcheté, par crainte des « risques réels » qu'il y aurait à s'opposer au discours nationaliste dominant. À cette démission, à cet à-plat-ventrisme, il oppose le « courage civique » d'un Guy Bertrand, avocat sans peur et sans reproche n'hésitant pas à affronter l'État québécois et à défendre envers et contre tous la « primauté du droit » contre « la démocratie à la québécoise ».

Ce qui a surpris et choqué dans cette prise de position, c'est moins l'argumentation, on le verra, que l'attaque brutale, frontale, sans manières ni précautions oratoires, à laquelle Angenot se livre contre les « intellectuels ethniques » — tout intellectuel nationaliste étant forcément pour lui « ethnique » — et plus généralement contre l'ensemble des intellectuels trop pleutres pour s'opposer au « totalitarisme *soft* » qui imposerait sa loi et sa terreur à la société québécoise. Bien entendu, cette diatribe soulève aussi des problèmes réels qui méritent discussion — j'y reviendrai —, mais sa formulation excessive, au lieu de les mettre en évidence, les relègue au second plan, la rhétorique de la fureur apocalyptique desservant ainsi sa propre cause, ce dont Angenot, spécialiste de la « parole pamphlétaire », aurait dû pourtant être singulièrement averti : tout s'est passé comme si son savoir, tout à coup, devenait inopérant, disparaissant derrière sa « sainte colère ».

Cette charge aussi indifférenciée que furieuse allait entraîner des répliques se situant dans le même registre stylistique. Ainsi François Hébert, professeur de littérature à l'Université de Montréal et écrivain primesautier, s'en prendra vivement, et sur un mode caricatural, aux « lumières » du « prophète Angenot », opposant à l'intelligence sèche de celui-ci la primauté de la « vie » sur le droit et la raison raisonnante, l'impératif de la « fraternité » à la froideur qu'il décèle chez le partisan de ce qu'il qualifie d'« antinationalisme réactionnaire [2] ».

La réponse d'André Turmel, professeur de sociologie à l'Université Laval, s'inscrit aussi en partie dans ce registre de l'invective, dans cette logique du « combat de coqs » dans lequel les adversaires s'imaginent triompher de leur vis-à-vis en criant et en mordant plus fort que lui [3]. Sa discussion de la position d'Angenot, serrée sur le fond et généralement convaincante, est toutefois accompagnée d'une violente diatribe culminant dans un rappel des griefs historiques entretenus par la collectivité québécoise francophone à l'endroit du Conquérant, longue liste de griefs propres à nourrir ce sentiment de ressentiment si vivement décrié dans le dernier livre de l'essayiste et lui donnant d'une certaine manière « raison », du moins à ce titre.

Avec la réplique de Gilles Bourque et de Jules Duchastel, on change de discours sinon de terrain. Les deux sociologues de l'UQAM, étonnés et perplexes devant le ton de l'article d'Angenot, après l'avoir qualifié d'« inacceptable et irrecevable », choisissent tout de même de le considérer comme une « ouverture

---

2. François Hébert, « L'intelligence et la souveraineté », *Le Devoir*, 19 juin 1996.

3. André Turmel, « Le devoir de mémoire », *Le Devoir*, 28 juin 1996.

au dialogue[4] ». Spécialistes comme leur collègue de McGill de l'analyse du discours, qu'ils pratiquent cependant d'une manière différente, ils connaissent de l'intérieur pour ainsi dire les recherches de celui-ci qu'ils admirent pour leur à-propos et leur rigueur. D'où leur étonnement compréhensible : l'homme de science a fait place au pamphlétaire défenseur d'un « antinationalisme primaire », au partisan inconditionnel du « pouvoir fédéral ». Cette mise au point effectuée, ils examinent sereinement les problèmes réels abordés dans la colère par Angenot : les rapports du judiciaire et du législatif, de la légalité et de la légitimité, de la judiciarisation des rapports sociaux, promettant d'y revenir de manière plus élaborée dans des travaux ultérieurs.

La réplique de Michel Verdon est sensiblement du même ordre. L'anthropologue de l'Université de Montréal, réagissant à la double intervention d'Angenot et d'Hébert, tente de se situer à mi-chemin de ces deux positions, entre ce qu'il appelle le « double jeu » de l'un et la « bêtise » de l'autre[5]. Soumettant une réflexion pertinente et stimulante sur les conditions réelles de fonctionnement de la démocratie, il propose toute une série de distinctions utiles pour qui désirerait reprendre la discussion de bonne foi, sur des bases raisonnables.

Une telle discussion, franche et sereine, est-elle possible ? On en doute beaucoup en lisant la réplique cinglante de Jean-François Côté, professeur de sociologie à l'UQAM, et collaborateur d'Angenot dans une

---

4. Gilles Bourque et Jules Duchastel, « De la légalité à la légitimité », *Le Devoir*, 27 juin 1996.

5. Michel Verdon, « Double jeu d'un côté, bêtise de l'autre », *Le Devoir*, 7 juillet 1996.

équipe de recherche sur le « marché de l'identitaire » (avec Simon Harel, Nadia Khouri et Régine Robin). La lettre de Jean-François Côté n'est rien de moins qu'un geste éclatant de rupture, qu'un rejet exacerbé d'un Maître désormais tenu pour un intellectuel « démagogue », ayant troqué sa liberté de chercheur contre un « plat de lentilles » fédéraliste[6]. Stigmatisant son maître de naguère, le disciple dépité l'accuse de se faire le chantre de la « position extrémiste du nationalisme canadien » et lui reproche de s'enfoncer dans un « délire », une « hallucination », qui le rend complice des ennemis les plus féroces du nationalisme québécois.

La réplique de Jean-François Côté est d'autant plus rageuse qu'elle relève manifestement de la prise de conscience d'une méprise antérieure, d'une méconnaissance troublante des positions réelles d'Angenot. Elle prend la forme classique de la révolte et de la tentative de déboulonnement de la statue du Père, du meurtre symbolique de ce Commandeur encombrant. Le discours, ici encore, se déplace donc, quittant le ciel des idées et atterrissant sur le sol particulièrement cahoteux, hautement miné, des « affects » et des psychodrames.

Aucune de ces interventions ne fait toutefois allusion au dernier livre d'Angenot, personne ne semblant s'être identifié à ces « morveux » que l'auteur des *Idéologies du ressentiment* enjoignait de se « moucher » si d'aventure ils se reconnaissaient en tant que cibles privilégiées de sa réflexion[7]. C'est probablement pour

---

6. Jean-François Côté, « Intellectuel et démagogue », *Le Devoir*, 7 juillet 1996.

7. Marc Angenot, *Les idéologies du ressentiment*, Montréal, XYZ éditeur, 1996, p. 165. Les références des citations seront dorénavant signalées entre parenthèses dans le texte.

n'avoir pas été suffisamment clair et explicite dans le livre qu'il a éprouvé le besoin d'en remettre dans l'article, donnant en quelque sorte une version vulgarisée du propos plus sophistiqué tenu dans son essai, une version guerrière et claironnante que même ceux qui ne savent pas — ou ne veulent pas — bien lire ne pourraient cette fois ignorer. C'est donc à cet ouvrage qu'il faut se reporter pour comprendre le dérapage qu'exprime de manière hyperbolique la crise de nerfs publiée dans *Le Devoir* et tenter d'en fournir une explication[8].

---

8. Mon objectif n'étant pas de faire une « revue de presse » de cette polémique, je n'évoque pas toutes les répliques données à l'article d'Angenot. Je rends compte des plus significatives en regard de la problématique que j'entends développer dans l'analyse de ce qui m'apparaît un extraordinaire cas d'aveuglement et d'auto-intoxication. Je ne prends en considération que les textes publiés avant le 10 juillet 1996, d'autres devant encore paraître au moment où ces lignes sont écrites ; mais je ne vois pas trop ce qu'ils pourraient ajouter de radicalement nouveau à une discussion dont les principaux paramètres me paraissent déjà posés dans *Les idéologies du ressentiment* et dans les premières interventions que son explicitation intempestive dans *Le Devoir* a suscitées.

II

Le ressentiment : concept et pratiques

La construction du ressentiment comme type idéal

D'entrée de jeu, dès la première page de son ouvrage, Angenot va droit au but. Il s'agit, écrit-il, de
« construire l'*idéaltype* de ce que j'appelle la pensée du
ressentiment » (p. 11), de proposer donc un concept,
une notion capable d'éclairer l'analyse de diverses idéologies qui, chacune à leur manière, trouveraient là leurs
fondements.

Cette tentative est placée d'emblée sous le haut
patronage de Max Scheler, auteur d'un ouvrage
fameux sur ce qu'il appelle justement *L'homme du ressentiment*, et de Friedrich Nietzsche, le philosophe de
la « volonté de puissance », dont Angenot retient l'idée
centrale de la « transmutation des valeurs », opération
capitale à laquelle se livrerait essentiellement et de
façon obsessionnelle la pensée du ressentiment.

C'est à cette pensée que peut être rapportée, sou-
tient Angenot, « toute idéologie qui paraît raisonner
comme suit : je suis enchaîné, pauvre, impuissant, servile, vaincu — et c'est ma gloire, c'est ce qui me permet de me rendre immédiatement supérieur, dans ma
chimère ethnique, aux riches, aux puissants, aux talen-
tueux, aux victorieux » (p. 12). Ces idéologies sont

donc le produit de groupes (sociaux, nationaux, sexuels) en situation d'infériorité (réelle ou imaginaire) qui transforment leur impuissance historique en revanche morale en quelque sorte, métamorphosant leurs faiblesses et leurs manques en vertus et de manière complémentaire les qualités, les talents des dominants en valeurs fausses qu'ils refusent et rejettent dédaigneusement sous l'inspiration de la pensée du ressentiment.

Angenot prétend s'intéresser au ressentiment essentiellement en tant que phénomène social, idéologique. Il distingue ainsi un «sens courant» du mot, qualifiant «des mentalités, des dispositions psychologiques acquises, des états d'esprit ("ressentiment" est alors proche de "frustration", de "rancœur", de "convoitise", d'"envie [déniée]", de "désir de vengeance"...)», dimension sur laquelle Scheler aurait surtout mis l'accent, et une acception «philosophique trouvant sa source chez Søren Kierkegaard et chez Friedrich Nietzsche» qui recouvre des «"morales", des idéologies, des mises en discours, en doctrines, en "visions du monde" et en stratégies politiques» (p. 19).

Il affirme ne s'intéresser pour sa part qu'aux réalités impliquées par le sens «philosophique» et social de l'expression, qu'aux doctrines, rationalisations, théories engendrées par des «idéologues *self-appointed*, autolégitimés» qui «parlent au nom des leurs, à travers le silence des entités collectives dont ils s'instituent les porte-parole» (p. 19). Ces productions sociales, étant reprises au moins partiellement par les groupes dominés, seraient ainsi d'abord des élaborations singulières d'esprits déçus et projetant leurs rancœurs et leurs rancunes sur les collectivités auxquelles ils appartiennent ou s'identifient. Elles seraient donc foncièrement le fruit, le résultat « d'oligarchies d'idéologues » (p. 19) qui imposeraient en quelque sorte leurs ratiocinations aux leurs dont ils se prétendent abusivement les délégués et fondés de pouvoir.

Ces idéologies, ces corps de doctrine, surgissent d'une position imposée et subie (réellement ou sur le plan de l'imaginaire). Elles se présentent comme des tentatives de « maquiller une position frustrante et sans gloire [...] sans avoir à chercher à s'en sortir, ni à affronter la concurrence, ni à se critiquer, à critiquer l'aliénation, la mentalité " d'esclave " qui résultent de la condition même que la domination et la nécessité de s'y adopter vous ont faite » (p. 15). Ainsi perçues, ces idéologies constituent des réponses fausses, inadéquates, à une situation de dépendance réelle. Dans le rapport de domination, ce sont les perdants, les inférieurs, les dominés qui fonctionnent au ressentiment au prix d'une mauvaise lecture de leur condition réelle qu'ils n'entendent pas vraiment transformer, préférant plutôt la perpétuer en trouvant leur profit dans le rabâchage incessant et interminable de leurs frustrations. Les dominants, eux, par leur position supérieure leur garantissant une assurance tranquille, échappent au ressentiment, sauf s'ils s'abandonnent à la « fausse conscience », pendant, pour les puissants, du ressentiment des faibles et des défavorisés.

Le ressentiment, propose Angenot au début de son ouvrage, vient donc « en second : il est une tentative, elle-même aliénée et mal dirigée, d'échapper à l'aliénation pure et simple, à l'acquiescement de l'indignité » (p. 17). C'est, bien entendu, une solution fausse, trompeuse, qui ne conduit nulle part, contrairement à la révolte, par exemple, qui, elle, est jugée « chose positive » car fournissant les « moyens de dépasser à la fois l'aliénation servile et *l'étape* du ressentiment » (p. 18)[1]. À ce moment de la réflexion, à l'orée du livre, le ressentiment est mis en contexte : il ne se comprend et ne s'explique qu'en référence à une situation.

J'insiste là-dessus car un glissement majeur surviendra en ce point capital au cours de l'analyse. De « second », de formation réactionnelle, le ressentiment sera promu « premier ». En s'appuyant sur l'examen de quelques occurrences contemporaines de pratiques identitaires — et, de son point de vue, forcément tribales —, Angenot révise en effet son explication initiale et estime maintenant que « le ressentiment est premier, il est ce qui soude la tribu dont l'identité-cohésion ne résulte que du ressassement collectif de griefs et de rancunes ». Et il précise, en recourant aux majuscules de circonstance : « *LE RESSENTIMENT FAIT LES TRIBUS : VOICI L'ESSENTIEL DE MA THÈSE*[2]. » (p. 96)[2]. Il reprend la proposition, telle quelle, un peu plus loin, affirmant que, dans la « séquence " générative " » des opérations engendrées par le ressentiment, c'est celui-ci qui est premier (p. 126).

Pour parler en termes bourdieusiens, la prise de position que serait le ressentiment (et les idéologies revanchardes qu'il engendre) ne serait pas explicable par la position des acteurs singuliers et des groupes qui en sont habités, mais c'est ce sentiment premier — venu d'on ne sait où car il est défini comme originaire — qui créerait en quelque sorte la position, la condition réelle (ou imaginaire) des collectivités concernées. Cette thèse constituant l'essentiel dans l'inter-

---

1. C'est moi qui souligne : le ressentiment est ici la deuxième étape d'un processus condamné, bien sûr, à la circularité.

2. C'est moi qui souligne à nouveau : la thèse a le mérite d'être claire.

prétation proposée par Angenot, son noyau dur, son *ultima ratio*, j'y reviendrai plus loin. Je me borne ici à signaler ce renversement assez stupéfiant, cette véritable « transmutation » de paradigme.

Cette pensée du ressentiment, enfin, trouverait sa « source » et son « modèle » historique dans le christianisme. Là-dessus, Angenot suit de très près Nietzsche et prend ses distances par rapport à Scheler, chrétien conservateur incapable d'admettre que sa croyance puisse constituer, comme le prétend le philosophe, la « fine fleur du ressentiment ». La pensée du ressentiment est de la sorte non seulement une pensée aliénée, factice, illusoire, mais, en tant que telle, l'élaboration de laissés-pour-compte, de déçus, de victimes, d'« esclaves » dans le langage de Nietzsche, à qui elle fournit une bien piètre consolation, ne transformant en rien leur condition et ne changeant, plus largement, rien au cours du monde. Or, c'est cette pensée geignarde, mollassonne, qui imprègne toutes les expressions « tribales » des sociétés et des cultures contemporaines qu'évoque Angenot pour démontrer la fécondité — heuristique — de son « idéaltype » dans l'analyse de la conjoncture actuelle.

Les formes modernes du ressentiment :
les cultures du nihilisme

Bien qu'il ne se présente pas comme un travail empirique, comme une monographie centrée sur des « analyses de cas » — Angenot convient, en conclusion, que c'est là une limite de son apport —, l'ouvrage contient tout de même quelques études ponctuelles, et fort rapides, de manifestations sociales et culturelles contemporaines logées à l'enseigne du ressentiment.

Le premier exemple concret évoqué et invoqué — et qui sert en quelque sorte d'archétype pour tous les

autres — est celui du *Syllabus*, cette encyclique de
Pie IX contre le monde moderne, le progrès et les nouvelles valeurs de liberté. Sont aussi évoquées, dans l'ordre et le désordre — car sur ce plan l'ouvrage apparaît
singulièrement brouillon, dispersé en notes brèves et
nombreuses, en intuitions jetées en vrac, sans souci
apparent de hiérarchisation —, l'antisémitisme, le
populisme, certains socialismes, le féminisme et son
complément obligé, le masculinisme, les désirs de vengeance des intellectuels déclassés (de l'extrême gauche), l'écologie, l'humanitaire moderne, le relativisme
culturel, les nationalismes en forme de séparatismes,
etc. Bref, le ressentiment apparaît à travers des formes
multiples, des mouvements divers, c'est vraiment un
Monstre aussi polymorphe qu'hideux, comportant
plusieurs têtes et autant d'appétits.

Angenot ne se livre pas à une étude attentive de
ces diverses manifestations. Il se contente parfois de les
mentionner, sans plus, et, au mieux, en propose des
analyses sommaires. Son tableau et le traitement plus
élaboré qu'il accorde à certains mouvements et groupes sociaux reposent cependant sur une hiérarchie
réelle bien qu'implicite. Il y aurait ainsi des formes plus
bénignes et plus malignes de ressentiment, la plus
grave, la plus potentiellement dangereuse étant celle
du tribalisme ethnique, véhiculé par de « petites entités
nationales » (p. 28), la plus inoffensive étant incarnée
par le populisme (ringard lorsque les conditions ne lui
sont pas favorables), certains socialismes passéistes et
rêveurs ou des mouvements comme le masculinisme,
pendant loufoque et ridicule du féminisme.

Angenot, j'insiste, ne développe pas de façon subs-
tantielle l'analyse de chacune de ces figures du ressentiment. S'il rappelle, par exemple, l'opposition entre le
féminisme — classique — axé sur une revendication

d'égalité et le féminisme différentialiste, doctrinaire, qui en serait l'envers, il ne s'attarde pas sur cette évolution, sur ce qui pourrait l'expliquer, pas plus qu'il n'évoque longuement les positions concrètes de l'un et de l'autre.

Il se contente de la même façon de signaler l'apparition de mouvements masculinistes «calquant, singeant un à un les griefs du féminisme, montrant le malheureux mâle opprimé, asservi par les femmes, victimisé tout autant et remâchant lui aussi ses griefs» (p. 48). L'«hospitalisme humanitaire» (p. 56) est évoqué sans plus d'explications ; ainsi que l'écologisme où, «sous l'amour de la nature maltraitée», il faudrait voir «la haine des hommes et de leurs industries» (p. 72). De même le «relativisme culturel» est-il décrit très rapidement comme du «ressentiment à l'endroit de l'innovation culturelle» (p. 64), en quoi il se révèle être un proche parent du populisme : c'en serait une variante dans la culture[3].

Dans la hiérarchie des tribalismes de tous ordres, il reste que le nationalisme — des petites patries — occupe le sommet de la pyramide, il constitue en quelque sorte «l'ennemi principal» de l'essayiste qui voit en lui une volonté — avouée ou non — de «séparatisme», un désir de «sécession pour se retrouver entre soi» (p. 29). Et ces nationalismes qui prolifèrent

---

3. Angenot en propose une description caricaturale. Évoquant l'habituel raisonnement populiste : «Je ne comprends pas, *donc* c'est idiot», il oublie de signaler que la proposition inverse — et symétrique — : «Je ne comprends pas, *donc* c'est intelligent» est très souvent le fait des snobs, de ceux qui entretiennent un rapport purement mondain et ostentatoire à la culture (voir là-dessus *La distinction* de Bourdieu, entre autres). Mais il est vrai que les «paralogismes» et les «raisonnements du chaudron» des riches et des puissants en tous genres ne l'intéressent guère.

aujourd'hui se nourrissent pour l'essentiel du ressentiment. C'est cette attitude qui fonde leur cohésion par-
delà les valeurs communes positives dans lesquelles ils
pourraient se reconnaître. L'identité se construirait
ainsi contre l'Autre, portée par une logique de griefs et
un désir inassouvissable de vengeance.

Tous les particularismes contemporains (sociaux,
nationaux, sexuels) se dresseraient de la sorte contre
«le "progrès", la conciliation rationnelle des intérêts,
le pluralisme, l'universel comme horizon ou volonté, le
cosmopolitisme, la transcendance du savoir» (p. 48-
49). En cela, ils seraient foncièrement régressifs, parti-
cipant d'un obscur désir de retour au Moyen Âge, ainsi
que le faisait remarquer Alain Minc[4] dans un ouvrage
récent auquel renvoie Angenot. La postmodernité
dans laquelle nous nous avançons aujourd'hui serait
l'envers de la modernité, elle s'opposerait à l'esprit des
Lumières qui guidait celle-ci, à la primauté de la Raison à laquelle elle entend substituer un nouvel irratio-
nalisme sans rivages ni principes.

La signification de ce nouveau tribalisme est donc
à saisir à la lumière de ce que l'on a appelé le «désenchantement» du monde moderne. Le ressentiment
généralisé est «intimement lié aux vagues d'angoisse
face à la modernité, à la rationalisation et à la déterri-
torialisation» (p. 59). Il s'offre comme la forme exa-
cerbée du «dépérissement du sens» contemporain, il
témoigne éloquemment — et pitoyablement — de la
«crise globale des pensées progressistes», de «l'épuise-
ment des projets émancipateurs et des réformismes
sociaux» (p. 43). Il est concomitant de la fin des uto-
pies qui donnaient un sens englobant à la vie sociale en
général et à l'action politique en particulier.

---

4. Alain Minc, *Le nouveau Moyen Âge*, Paris, Gallimard, 1993.

Ces observations proposent une explication sociale, historique du phénomène qui apparaît assez différente de l'argument transhistorique fourni par l'« idéaltype » construit préalablement. À partir de là, une autre lecture, une autre interprétation de cette résurgence des localismes et particularismes en tous genres était possible. Mais c'est une voie qu'Angenot évoque mais n'explore pas, qu'il néglige au profit de sa thèse fondamentale — plaçant le ressentiment en premier — qui se nourrit pour l'essentiel de sa lecture de Nietzsche et de Scheler. Un petit détour s'impose donc de ce côté si l'on veut saisir correctement sa pensée dans ses fondements.

III

Petite excursion chez les figures
d'autorité : Nietzsche, Scheler

Les fondements : de Nietzsche à Scheler

Obsédé par la conviction que l'humanité est entrée dans une ère de décadence, Nietzsche consacre une part importante de sa réflexion à l'analyse et à la théorisation de ce qui lui en paraît être la cause majeure : le ressentiment lui-même à la source des morales contemporaines exaltant les vertus et les mérites des « Esclaves », des hommes inférieurs transformant leurs faiblesses et leur impuissance en qualités exceptionnelles.

Imbu de la singularité de son génie, il s'adresse aux « très rares élus [1] » capables de vivre en altitude, d'éprouver l'ivresse des sommets, au-dessus du reste de l'humanité à laquelle lui-même s'estime supérieur « par la force, par la hauteur d'âme, — par le mépris » (*A*, p. 44). Dans ses derniers ouvrages, au moment où il va

---

1. Friedrich Nietzsche, *L'Antéchrist*, Paris, Flammarion, coll. « Garnier-Flammarion », 1994, p. 43. Les références des citations de cet ouvrage seront signalées entre parenthèses accompagnées de la lettre *A* ; il en ira de même pour les références des citations du *Crépuscule des idoles* (Paris, Flammarion, coll. « Garnier-Flammarion », 1995), accompagnées de la lettre *C*.

sombrer dans la démence et un silence dont il ne reviendra plus, il lance une ultime « grande déclaration de guerre » aux « idoles », aux fausses valeurs hypocritement vénérées par une humanité s'enfonçant dans une dégénérescence inéluctable.

Pour le philosophe ailé, dansant, du *Gai savoir*, deux morales s'affrontent en cette fin de siècle apocalyptique, celle des Maîtres, des hommes supérieurs, qu'il qualifie de « morale noble », et celle des Esclaves, des hommes inférieurs, morale nourrie par le ressentiment qui « n'est rien de moins que la morale judéochrétienne ». Cette dernière morale s'opposerait au « mouvement *ascendant* de la vie ; la réussite, la puissance, la beauté, l'affirmation de soi, l'instinct devenu génie » (*A*, p. 70)[2]. Dans un mouvement descendant, elle prendrait donc le contre-pied de ces valeurs, se livrant à une opération de « transmutation », de « renversement », qui ferait de ces vertus autant de défauts et de faiblesses à rejeter violemment dans des gestes de dénégation rageurs.

La morale des faibles, des Esclaves, apparaît ainsi comme une « manifestation contre nature » (*C*, p. 102). La morale noble, au contraire, est « dominée par l'instinct de vie » (*C*, p. 100) et elle s'oppose au « Royaume de Dieu » hanté par la mort, la culpabilité, le péché. Le christianisme, en tant que créateur de cette morale dégénérée, est donc l'ennemi principal à abattre et c'est l'entreprise à laquelle se livre avec véhémence Nietzsche, surtout dans *L'Antéchrist*.

L'Église, en effet, aurait « perverti l'homme » (*C*, p. 114), l'aurait « domestiqué », civilisé, en le châtrant en quelque sorte, en le dépouillant de sa force et de sa virilité, tout en revendiquant le mérite de l'avoir rendu

---

2. C'est Nietzsche qui souligne.

prétendument meilleur alors qu'elle le transformait en
«avorton». Dieu, en tant qu'«idole» suprême de la
religion chrétienne, est donc à rejeter en tant que
négation de la vie : pour sauver le monde, il faut régler
son compte à Dieu une fois pour toutes, tâche qu'ont
entreprise les philosophes rationalistes et qu'il faut
aujourd'hui poursuivre jusqu'au bout.

Si le christianisme propose une morale de faiblesse,
de pitié et de compassion pour les dominés de ce
monde, c'est qu'il est lui-même le produit des «plus
basses classes qui cherchent en lui leur salut» (*A*,
p. 65). On comprend dès lors qu'il soit le «soulève-
ment de tout ce qui rampe bas sur le sol contre ce qui
est *élevé* : l'évangile des "humbles" *rend* bas et
humble» (*A*, p. 97)[3]. Le christianisme est par conséquent une entreprise d'avilissement contre laquelle il
faut se dresser de manière farouche, qu'il faut combattre sans compromis ni faiblesse. Et Nietzsche ne
recule devant aucun qualificatif dépréciatif pour en
stigmatiser «la malpropreté, la mauvaise odeur et l'in-
sanité intrinsèques». La notion de péché qui en est un
élément cardinal aurait été inventée «pour rendre
impossibles la science, la culture, toute élévation et
toute noblesse en l'homme» (*A*, p. 108). En cela cette
religion mortifère se présente comme un «mouvement
d'ensemble des éléments de rebut et de déchet de
toute espèce» (*A*, p. 111), comme la manifestation la
plus nette de la dégénérescence de l'époque, sa symbo-
lisation la plus extrême, la plus perverse.

Le christianisme est donc pour Nietzsche l'archétype d'une doctrine pétrie de ressentiment. Il n'en est
pas seulement une incarnation particulièrement viru-
lente, il en est la figure et le paradigme mêmes. D'où sa

---

3. C'est Nietzsche qui souligne.

proximité avec les doctrines qui prônent l'égalité par
exemple, expression d'une « civilisation descendante »,
d'une « époque de faiblesse » (*C*, p. 155) qui privilégie
le nivellement par le bas. Le libéralisme, lui, est qualifié
d'« abêtissement par troupeaux » qui mine la « volonté
de puissance » alors que « l'homme libre est *guerrier* »
(*C*, p. 156-157)[4]. Et Nietzsche affirme que cet homme
libre *et* guerrier n'a que faire du « bien-être misérable
dont rêvent les épiciers, les chrétiens, les vaches, les
femmes, les Anglais et autres démocrates » (*C*, p. 157)[5].
Les démocrates sont, bien entendu, des décadents qui,
comme les chrétiens, les anarchistes et la « racaille des
socialistes » (*A*, p. 125), se laissent séduire par des
motifs apparemment désintéressés, par un altruisme qui
ne peut signifier que la « fin de l'homme » ; il s'agit
d'une fausse vertu qui n'est que l'envers idéalisé d'une
impuissance à triompher et à réussir dans le monde.

Bref, tout ce qui conteste d'une manière ou d'une
autre (même sur un mode passif) l'ordre des puissants,
des riches et des élus fonctionnerait au ressentiment,
entretiendrait des griefs, de la haine et de la rancœur
contre ceux qui ont réussi, qui dominent le monde par
leurs talents, leurs mérites, leur énergie et leur foi en la
vie. Nietzsche élabore ainsi une philosophie au service
de la domination, une théorie des élites, reprochant
seulement aux puissants de manquer parfois d'assurance, de céder à la mauvaise conscience et de donner
dans la compassion. Sa critique la plus dure, il la
réserve aux dominés et à leurs illusoires croyances qui
leur feraient voir la réalité à l'envers, les enfonçant
encore davantage dans la sujétion, l'esclavage dans

---

4. C'est Nietzsche qui souligne.
5. On notera la finesse de l'étonnante association que s'autorise à
commettre le grand homme, faisant preuve ici comme ailleurs de son
ironie supérieure.

lequel les hommes supérieurs doivent se garder de tomber[6].

Max Scheler, vingt ans après Nietzsche, reprend et développe les intuitions de ce dernier dans le cadre d'une sorte de sociopsychologie de ce qu'il appelle «l'homme du ressentiment». Tout en refusant la critique du christianisme et de sa morale proposée par le philosophe, il suit ses traces, entendant approfondir de manière conséquente ce qui, chez Nietzsche, était demeuré à l'état de proposition heuristique.

Il tente d'abord de définir précisément la notion même du ressentiment qui serait une «rumination d'une certaine réaction affective dirigée contre un autre», un soliloque de longue durée fait «de haine ou d'animosité sans hostilité bien déterminée, mais grosse d'une infinité d'intentions hostiles[7]». Le ressentiment serait une attitude le plus souvent passive, caractérisée justement par une inaction, un surplace traduisant une impuissance certaine.

Sur le plan phénoménologique, il s'agirait d'une «disposition psychologique d'une certaine permanence», d'un «auto-empoisonnement psychologique» (p. 14) provoquant une déformation du sens des valeurs. Cette déformation, cette «transmutation», disait Nietzsche, est engendrée par la rancune, la jalousie à l'endroit de ceux qui possèdent des biens et qui

---

6. Que cette philosophie ait souri à certains courants fascistes et nazis n'a donc pas de quoi étonner. En l'enrobant d'une rhétorique biologique, raciale, nationaliste, on pouvait aisément la «récupérer» et la mettre au service d'idéologies exaltant justement le nationalisme — de grande puissance, à vocation impérialiste — dont ne tient pas compte Angenot, obnubilé par celui des «petites patries».

7. Max Scheler, *L'homme du ressentiment*, Paris, Gallimard, coll. «Les essais», 1933 (1ʳᵉ édition allemande: 1912), p. 9. Les références des citations de cet ouvrage seront dorénavant signalées entre parenthèses.

définissent les valeurs régnantes. Trait majeur du comportement de certains individus, le ressentiment peut également se faire jour dans certains groupes éprouvant leur condition comme une fatalité, habités par un profond sentiment d'impuissance. Scheler cite l'exemple du peuple juif, à la fois élu et opprimé, et celui du mouvement ouvrier moderne, dominé et ne voyant pas comment échapper à la domination tout en n'acceptant pas son sort par ailleurs.

Seuls les hommes supérieurs, et au premier chef les « génies », seraient exemptés du ressentiment par l'intime conviction de force, de puissance que leur donnent leurs talents et leurs mérites. Les « hommes moyens » — j'utilise l'expression de Scheler — y seraient au contraire voués par leur faiblesse et leur impuissance. Seuls les hommes d'action, comme le criminel, en seraient protégés justement par le passage à l'acte qui les tirerait de la rumination, de la morosité et de leur haine sans objet.

Ce ressentiment, ce discours obsessionnel minant de l'intérieur les forces vives des individus, est lui-même interprété comme le symptôme d'un « affaiblissement vital », d'une angoisse qui est le « fait d'une certaine situation humaine » (p. 37). C'est donc un phénomène à la fois physiologique, psychologique et « social », lié à des conditions et à des « états ». Scheler donne comme exemple le « cas de la femme » qui serait prédisposée, pour ainsi dire, à l'envie, à la jalousie, à la mesquinerie du fait même de sa position de subordonnée dans le mariage et plus largement dans la société. Il en irait de même pour des catégories sociales comme « la jeune génération » ou « les retraités », marginalisées chacune à leur manière dans le monde moderne. Le ressentiment, pour Scheler, vient donc *en second* : il constitue une réponse, inadaptée, à une situation réelle. C'est une réaction, mais qui tourne à vide.

Le ressentiment génère une mauvaise lecture de la situation et de «faux jugements de valeur» (p. 54). Il disqualifie « le bonheur, la puissance, la beauté, l'esprit, la richesse, toutes les valeurs positives de la vie » (p. 58) et valorise la pauvreté, la souffrance, la peine, en quoi il constitue un «mensonge organique». Là-dessus, Scheler suit Nietzsche, mais il s'en distingue par son appréciation différente de la morale chrétienne. Pour lui, celle-ci s'oppose à la fois à la morale bourgeoise et à la morale socialiste par l'amour de soi qu'elle suggère et par l'altruisme sain, découlant du sentiment de puissance, qu'elle préconise. La morale chrétienne n'aurait donc rien à voir avec le socialisme chrétien — que Scheler rejette — et encore moins avec «l'humanitarisme moderne» (p. 114) qui se traduirait par diverses formes — roman réaliste, «poésie d'hôpital», lois sociales et égalitarisme — tout aussi condamnables les unes que les autres et relevant de doctrines de compassion.

Scheler s'oppose enfin à la démocratie naissante qui exprime «la volonté de la majorité, et non plus la volonté des individus plus nobles par la race ou par la tradition» (p. 181). À la tyrannie de la majorité, il préfère ostensiblement celle d'une élite restreinte de beaux esprits imposant au reste de l'humanité ses lumières. Là-dessus, il rejoint Nietzsche par-delà les divergences sur le christianisme, la question de Dieu n'étant pas au fond essentielle, contrairement à celle de la domination qui, elle, mérite le consensus des esprits libres et guerriers non gangrenés par le ressentiment.

Reconnaissant d'entrée de jeu sa «dette» à l'endroit de Nietzsche et de Scheler, quel usage Angenot fait-il de ces lectures dans ses propres analyses? Dans quelle mesure ces «influences» déterminent-elles sa propre perception et son évaluation des phénomènes pris comme objets d'étude?

Variation sur un thème : la partition d'Angenot

L'auteur des *Idéologies du ressentiment* se démarque rapidement de Scheler. Celui-ci propose une psychologie du ressentiment, le considérant d'abord comme une manifestation individuelle. Or, l'objectif d'Angenot est de rendre compte des doctrines, des idéologies qui naissent de ce qu'il appelle la «pensée du ressentiment», de réalités qui seraient collectives, bien que pouvant comporter une dimension individuelle. Il prend également ses distances sur la question du christianisme, valorisé par Scheler comme religion d'ordre, système organique et hiérarchique, mais condamné violemment par Nietzsche en tant que croyance et morale de compassion, de faiblesse.

Angenot reprend l'argument central de Nietzsche à l'encontre du ressentiment qui engendrerait un retournement, une transmutation des valeurs consistant en une «dénégation de ce monde terraqué qui n'est pas le vrai», une «transmutation de la faiblesse en force, de l'échec et du stigmate en mérite», une «revanche symbolique[8]» tentant de compenser tant bien que mal une condition d'infériorité réelle, de la métamorphoser en victoire sur le plan de l'imaginaire et de la «morale».

Il distingue des valeurs appartenant en propre aux «gagnants», aux «prospères» et aux «puissants» (p. 75): des «savoirs», des «énergies», des «supériorités morales» (p. 77) dont le dominé est dépossédé et

---

8. Marc Angenot, *Les idéologies du ressentiment*, Montréal, XYZ éditeur, 1996, p. 67.

qu'il transforme en autant de « défauts » dont lui-même n'est pas affligé.

Il y aurait donc, dans cette optique, « deux sortes de capitaux : le dominant possède des biens, des pouvoirs, des relations, du savoir faire, du goût (il pense souvent : " des dons ") et l'art d'exploiter ces avantages intelligemment. L'homme et la femme du ressentiment possèdent du manque, de l'aliénation, de la hargne, de la rancœur, des simulacres compensatoires, des paralogismes revendicatifs, des conduites d'échec, mais cependant ils s'en font aussi un capital, une vraie richesse » (p. 69). Ce capital fait de griefs, de contentieux jamais réglés, de rancœurs assume une fonction essentiellement psychologique et symbolique : il donne bonne conscience aux individus et aux groupes en changeant leurs échecs réels en victoires morales. D'où la tentation — irrésistible — de le conserver à tout prix et de le faire fructifier dans la surenchère ressentimenteuse.

On notera ici le glissement de plus en plus net d'une approche sociohistorique du phénomène vers une interprétation psychologisante comportant notamment une mise à contribution d'Adler et de Freud.

Le ressentiment serait ainsi une expression du fameux complexe d'infériorité décrit par Adler et du complexe de castration freudien : il se nourrirait directement à ces deux mamelles. Il comporterait en outre « les bénéfices secondaires (au sens freudien appliqué aux résistances de la névrose) de l'infériorité et de sa dénégation : le droit de se plaindre, de geindre, de se complaire, d'avoir toujours une explication prête en cas d'échec de ses entreprises, de culpabiliser ceux qui sont en position dominante s'ils prêtent d'aventure l'oreille... » (p. 81) Bref, il se propose comme une rationalisation des « conduites d'échec » des dominés que non seulement il explique — par le raisonnement du chaudron — mais qu'il métamorphose en actions méritoires, morales et vertueuses.

Le « moi » du ressentiment, poursuit Angenot, est de la sorte un « faux self », une « personnalité-simulacre, pleine d'entêtements, d'arrogances, de rancunes et d'hostilités — derrière laquelle se dissimule un moi fragile, grégaire et asservi ». Le dominant, au contraire, non encombré et paralysé par un tel « faux self », la conscience libre de griefs, aurait « *tout le temps de réfléchir au monde extérieur et éventuellement de le conquérir* » (p. 94) [9].

L'analyse de la condition, de la situation génératrice de ressentiment se transforme ainsi insensiblement en analyse psychologique des « êtres de griefs » : « L'homme de ressentiment — populiste, "poujadiste", nationaliste, tribun de groupes stigmatisés — est un malade qui ne veut pas guérir. » (p. 88) Dans ce diagnostic, Angenot suit encore Nietzsche tout en le « prolongeant » par le recours à certaines analyses freudiennes (ou assimilées), en quoi il « innove ».

Il ne se contente toutefois pas de reprendre la théorie de la transmutation des valeurs proposée par le philosophe de la « volonté de puissance ». Il en garde l'attitude éthique, la posture, se métamorphosant allègrement, et manifestement sans trop s'en rendre compte, de savant analyste en « libre guerrier », pour reprendre l'expression du Maître. L'analyse, la description et l'interprétation des « idéologies » inspirées par « la pensée du ressentiment » cèdent aisément la place à la dénonciation rageuse, à l'imprécation prophétique.

Cela est particulièrement net lorsque Angenot parle du nationalisme, produit exclusif, on le sait, de « l'idéologie du ressentiment » (p. 76) qui, soudaine-

---

9. C'est Angenot qui souligne.

ment, devient unique et pour ainsi dire totalitaire. Le nationalisme des «petites patries» comporterait par définition un «rêve d'étanchéité» (p. 105), il serait toujours une forme de «séparatisme ethnique» et lié, par le fait même, à «l'extrême droite éternelle». Ce nationalisme est ainsi inséré dans une chaîne d'équivalences (séparatisme, sécessionnisme, ethnicisme, antisémitisme, racisme, etc.) qui en fait littéralement un Monstre qu'il faut dénoncer et combattre avec la plus extrême résolution.

Angenot finit donc par adopter la posture du pamphlétaire — ce qu'il admet, à mots couverts, en conclusion et ce qui le rapproche aussi du grand imprécateur qu'est le plus souvent Nietzsche. Il fait, en somme, un double emprunt au philosophe, reprenant pour l'essentiel sa théorie du ressentiment, la prolongeant par l'apport d'une certaine psychanalyse, et recourant à sa rhétorique guerrière.

Cette «influence» pose donc problème à la fois sur le plan de la méthode et sur celui des enjeux politiques, faisant de l'entreprise d'Angenot une tentative doublement douteuse, car elle-même rongée par un propos idéologique camouflé sous le masque de la scientificité. C'est ce masque que l'article du *Devoir* arrachait vigoureusement, révélant crûment la véritable cible de l'entreprise : la nationalisme québécois sous toutes ses formes.

IV

Questions de méthode :
la méprise idéaliste

Sur les plans théorique et méthodologique, *Les idéologies du ressentiment* soulève de nombreuses questions et suscite d'importantes réserves concernant le principe de construction du concept central — la «pensée du ressentiment» —, la définition même de ladite «pensée», le type de démonstration privilégié pour l'étudier et les analyses de cas servant à illustrer la thèse principale de l'auteur, à savoir que le ressentiment «fait» et «soude» les «tribus», qu'il est «premier», constituant ainsi une clef universelle pour comprendre la plus grande partie, sinon la totalité, des «particularismes» modernes. J'examine ici rapidement chacun de ces problèmes, en commençant par le choix du mode de construction «idéaltypique».

La construction des types idéaux

Cette démarche n'est pas nouvelle dans le champ des sciences humaines et sociales. Depuis Auguste Comte au milieu du siècle dernier jusqu'à Pierre Bourdieu aujourd'hui, on la retrouve au principe des travaux de sociologues comme Karl Marx ou Max Weber, de critiques de la culture comme György Lukács et Lucien Goldmann, d'historiens et analystes sociaux comme Fernand Dumont ou Michel Freitag. Il s'agit pour chacun de ces auteurs d'élaborer des concepts, des notions — des types idéaux — qui devraient leur permettre de mieux comprendre le réel. D'où la construction — souvent sophistiquée — de grandes catégories à fonction explicative comme les trois âges (ou stades) de l'humanité de Comte, le capitalisme et le socialisme de Marx, l'éthique protestante et la bureaucratie de Weber, le roman et l'épopée de Lukács, le concept de vision du monde de Goldmann, la société traditionnelle et la société moderne de Dumont, la modernité et la postmodernité de Freitag, l'habitus et le champ de Bourdieu, etc.[1].

Dans tous les cas, il s'agit de construire, de manière essentiellement déductive, des catégories notionnelles dont le statut et la fonction, selon Lucien Goldmann, sont d'être des «instruments conceptuels de travail». On sait comment lui-même a élaboré, dans *Le dieu caché*, son ouvrage majeur, le concept de «vision du monde tragique» pour mieux comprendre et expliquer des œuvres aussi singulières que *Les pensées* de Pascal et les tragédies de Racine. On pourrait de même montrer longuement comment les auteurs précédemment évoqués ont construit leurs types idéaux et étudier l'usage qu'ils en ont fait par la suite dans l'analyse des réalités concrètes qui les intéressaient plus particulièrement. Je me contente ici de rappeler que ces «instruments conceptuels» remplissent trois fonctions cardinales.

---

1. Le lecteur pourra se reporter aux ouvrages classiques de ces auteurs : *Cours de philosophie positive* d'Auguste Comte, *Le capital* et *L'idéologie allemande* de Karl Marx, *L'éthique protestante et l'esprit du capitalisme* de Max Weber, *La théorie du roman* de György Lukács, *Le dieu caché* de Lucien Goldmann, *Genèse de la société québécoise* de Fernand Dumont, *Le naufrage de l'Université* de Michel Freitag, *Le sens pratique* de Pierre Bourdieu.

Ils permettent d'abord d'opérer des classements, de regrouper dans des catégories générales des réalités qui apparaissent, au premier regard, hétérogènes, sans lien entre elles, de les placer en quelque sorte sous un « pôle », une « enseigne ». Les sociétés appartiendront ainsi à la modernité ou à la postmodernité (et avant elles au féodalisme et aux communautés primitives), elles seront globalement traditionnelles ou modernes, capitalistes ou socialistes, etc.

Ces types idéaux permettent ensuite d'effectuer des comparaisons pertinentes. Une fois le premier tri opéré, le classement préalable fait, on peut essayer de mesurer, d'une part, comment chacune des situations empiriques se conforme (plus ou moins) au « modèle » dont elle relève et, d'autre part, comment chacune de ces situations est apparentée (ou différente, et à quel degré) aux situations analogues placées sous le chapeau du type idéal théoriquement construit. La catégorie sert donc en l'occurrence d'instrument de mesure, de jauge facilitant la comparaison et favorisant une analyse plus raffinée des réalités concrètes choisies comme objets d'étude par le chercheur.

Ces types idéaux sont enfin fabriqués afin de mieux comprendre et expliquer les réalités qu'ils recouvrent. L'élaboration des concepts ne relève pas d'une ambition scientifique abstraite, pure, dégagée de toutes contingences. La réflexion théorique, tout en ayant ses exigences propres de cohérence et de rigueur — sur lesquelles elle est aussi évaluée : elle doit se « tenir » ! —, est destinée à éclairer et à rendre compte des pratiques, des comportements aussi bien singuliers que collectifs. Et dans les sciences humaines et sociales plus particulièrement, sa capacité de « rendre raison » du réel — dans sa diversité et sa multiplicité — est un critère de sa pertinence, de sa validité et même, d'une certaine manière, de sa vérité.

Ce choix théorique ne s'impose pas d'emblée. De nombreux chercheurs en sciences sociales sont réfractaires à une approche de la réalité qu'ils estiment abstraite, décrochée du contenu concret des phénomènes à l'étude, et lui préfèrent des démarches plus empiriques, plus «descriptives» disons. Certains refusent également cette voie pour des raisons d'ordre philosophique. Ainsi Lukács, par exemple, a condamné, une fois devenu marxiste, son idéalisme de jeunesse, jugeant que ces grandes catégories n'aident en rien la compréhension concrète, c'est-à-dire matérialiste, des situations concrètes. S'il ne s'impose pas d'emblée, ce choix théorique se défend toutefois dans la mesure où il permet de faire avancer notre connaissance de la réalité (sociale, psychologique, culturelle, etc.).

Angenot emprunte cette voie dans la construction de la «pensée du ressentiment» comme il l'avait aussi fait auparavant avec sa notion de discours social — réalité construite aussi bien qu'empirique. Il élabore son concept en s'inspirant, on l'a vu, de Nietzsche et de Scheler, en faisant une catégorie très générale qui permet d'expliquer une multitude de réalités tant de l'ordre de la longue durée historique — comme le christianisme ou certains socialismes — que de la culture de notre monde moderne.

Compte tenu de sa très grande généralité, sa «pensée du ressentiment» peut-elle être opératoire et dans quelle mesure? Quel usage, autrement dit, fait-il de la démarche «idéaltypique», comment l'accommode-t-il à sa double visée de scientifique et de «citoyen»?

Le ressentiment: un concept passe-partout

Au départ de sa réflexion, Angenot, tout en soulignant la double signification, psychologique et sociale, du ressentiment, tranche nettement en faveur de son acception sociologique. Il affirme privilégier les doctrines, les courants de pensée, les idéologies qui en relèveraient au détriment des conduites affectives qui en seraient imprégnées. Son approche est très fortement revendiquée comme historique et sociologique.

Chemin faisant, la démarche connaît cependant des modifications, se transformant en psychologie des ressentimenteux, ou à tout le moins en psychosociologie des groupes qui fonctionneraient à partir de cette attitude « existentielle ». Ce glissement se traduit même, à la fin du livre, par une nouvelle conception de la notion, en en faisant une réalité synthétique — et syncrétique! —, en fusionnant les aspects psychologiques et sociaux du phénomène, en considérant ce dernier comme un « tout, psychagogique et idéologique » possédant une « dynamique spécifique[2] ».

Cette transformation qui accorde au concept une extension considérable, qui élargit sensiblement son champ d'application, est accompagnée par un changement concomitant de statut. Au début de l'ouvrage, le ressentiment est une réaction, il vient en second : il est, et c'est le seul mérite que lui accorde Angenot, une tentative pour surmonter la servilité passive imposée par la domination, une étape dans un processus de changement qui pourrait, à terme, « libérer » les dominés, les débarrassant du coup de leur morale d'« esclaves ». Il se comprend et s'explique à la lumière d'un contexte, d'une situation qui en quelque sorte l'engendre. À ce stade, Angenot demeure « bakhtinien » : l'énoncé ressentimenteux s'inscrit et fait sens dans une situation qui l'autorise et le favorise.

---

2. Marc Angenot, *Les idéologies du ressentiment*, Montréal, XYZ éditeur, 1996, p. 161. Les citations à venir de l'ouvrage seront signalées entre parenthèses dans mon texte.

Plus avant dans l'ouvrage, ce pauvre — et pitoya-
ble — instrument de défense, cette idéologie de laissés-
pour-compte, n'est toutefois plus saisi comme une
« réaction » : il n'est plus un symptôme, un mécanisme
de protection contre le pouvoir des dominants, il se
métamorphose, devient un facteur originel faisant et
soudant la « tribu ». Renversant la perspective bakhti-
nienne, Angenot fait maintenant de l'énoncé le générateur de la situation. Son concept devient un instrument
transhistorique capable désormais de tout expliquer (ou
presque) et, en vertu même de sa généralité, de ne rien
comprendre, ou du moins pas grand-chose, des manifestations qu'il a pourtant pour fonction d'éclairer.

L'auteur voit cependant de nombreux avantages à
sa conception « pertinemment hétérogène » : elle lui
permettrait de « connecter des faits d'idéologie et de
" mentalités " et des dynamiques psychologiques (psy-
chagogiques) caractérielles ou névrotiques qui sont
traitées souvent comme anhistoriques » (p. 166). Elle
favoriserait le repérage et la description d'une « dynamique spécifique » ordonnant les états d'esprit et les
comportements liés au ressentiment. Elle donnerait la
possibilité de mieux comprendre « l'action réciproque
d'un discours et d'une passion » dans le cadre d'une
« foi collective » et d'une « psychagogie » (p. 162).

Le premier avantage lui permet surtout d'aller vite
en affaires et de faire l'économie de l'étude attentive et
serrée des situations concrètes, études qui pourraient
notamment faire ressortir, au delà des convergences de
surface, les divergences profondes liées aux situations
dans lesquelles ces attitudes et comportements s'ali-
mentent (comment et jusqu'à quel point ?) audit ressentiment. Le second avantage autorise de même la
réduction à une dynamique commune de ce qui relève
de préoccupations diversifiées et qui ne se nourrit pas

que de ressentiment : les « tribus » fonctionnent aussi à l'utopie, et non uniquement à la logique passéiste des griefs et de la rancœur. Le troisième avantage se défend s'il y a bien telle chose qu'*un* discours du ressentiment.

Or, nous dit Angenot tout au long de l'ouvrage, il y en a plusieurs, de ces discours ; de nombreuses doctrines et idéologies sont imprégnées par un même pathos de victimisation. Mais si le pathos est le même (pathos de la plainte, de la récrimination éternelle, de la vengeance), le discours est-il pour autant unique ? Le populisme, certains socialismes, l'antisémitisme, le racisme, le nationalisme (des petites patries), le corporatisme, le féminisme, l'écologie, le mouvement gay, etc. tiennent-ils tous le même propos, reprennent-ils tous le même sempiternel argument du ressentiment ? Pour l'auteur, la réponse est positive dans la mesure où c'est le ressentiment justement qui les « fait » tous. Bien, mais ce qui disparaît alors, s'envolant en fumée, c'est le contenu concret de chacun de ces discours et de ces programmes qui deviennent interchangeables. Le concept écrase le réel, comme l'éléphant la souris, sans s'en rendre compte. Au terme de l'opération, il ne reste rien, sinon le concept même dans sa toute-puissance et son absolue ineffabilité.

C'est, bien entendu, cette thèse centrale qui pose surtout problème. Toutes les « tribus » ne sont pas uniquement déterminées par le ressentiment. Ce qui les définit, c'est un certain rapport au passé (qui n'est pas nécessairement malheureux, qui n'est pas fait que d'échecs) mais aussi à l'avenir, à des projets dans lesquels elles peuvent se reconnaître et trouver une cohésion[3]. La condition présente est une synthèse

---

3. Fernand Dumont en fournit une démonstration éblouissante dans *Genèse de la société québécoise* à propos du nationalisme canadien

provisoire des acquis incorporés de la mémoire et d'un futur appréhendé. C'est ce que montrerait un examen un tant soit peu élaboré de divers « tribalismes », dont certains sont inspirés visiblement et abondamment par le ressentiment alors que d'autres y échappent dans une mesure aussi grande. J'en donnerai plus loin quelques exemples.

Assez curieusement, tout se passe comme si Angenot avait « oublié » les fondements et les principes d'analyse de ses travaux antérieurs.

Dans les nombreux ouvrages qu'il a consacrés au discours social de la fin du XIXᵉ siècle en France, il propose en effet une définition théorique de cette notion et il se livre à une minutieuse étude des formes concrètes qu'elle prend dans les discours empiriques les plus divers de l'époque. Le discours social se présente ainsi comme une « réalité construite » qui donne un sens aux pratiques langagières les plus diversifiées et observées sur le plan empirique. C'est, pour reprendre l'expression de Goldmann, un « instrument conceptuel » à partir duquel nous lisons, comprenons et interprétons le réel. Et très conséquent dans son approche, l'auteur

---

d'abord, puis canadien-français du XIXᵉ siècle. La référence dans laquelle s'appréhende la société québécoise d'alors est constituée en partie de souvenirs, de remémorations, mais également de projections formulées par les idéologues, les historiens et les écrivains de l'époque. Même dans ce vieux nationalisme plutôt traditionnel, il n'y a pas que de la nostalgie passéiste, on y rencontre une volonté réelle d'émancipation tournée résolument vers l'avenir (et empruntant souvent des formes utopiques). Ce qui assure une certaine homogénéité sociale à cette communauté — qu'il ne faut pas exagérer car cette société est grosse de contradictions internes, de luttes vives entre tendances opposées, conservatrices et libérales —, c'est le partage d'une certaine condition, c'est un rapport d'opposition à l'Autre, au Conquérant, mais aussi des perspectives d'avenir évoquées comme dépassement du ressentiment, justement, et de la domination.

de *1889. Un état du discours social*[4], se livre à une description, à une monographie exhaustive, à une entreprise gigantesque de dénombrement faisant état de
l'ensemble de la production discursive de cette année
cruciale représentative d'un certain « air du temps ».

Je n'insisterai pas ici sur les réserves qu'on peut
entretenir à l'endroit de cette perspective de recherche.
Elle présente en effet deux difficultés. La première est
liée au statut de l'analyse du discours dans la connaissance sociale et pourrait être formulée ainsi : dans
quelle mesure le discours est-il révélateur de la réalité
concrète d'un état donné de société ? Jusqu'à quel
point peut-on le privilégier comme voie d'étude particulièrement féconde pour la compréhension de l'espace social ? La deuxième difficulté a trait à la place
qu'Angenot accorde aux classes sociales dans ses analyses. En vérité, elle apparaît bien congrue : la domination et l'hégémonie discursives sont reconnues, mais
sans qu'on précise vraiment quels groupes sociaux pro-
fitent surtout de l'une et de l'autre et ont donc tout
intérêt à les conserver dans l'état.

Cela étant dit, il reste que le chercheur, dans ces
travaux de même que dans ceux qu'il a consacrés à
l'analyse de la « propagande socialiste », fait tenir ensemble les deux aspects de la recherche scientifique,
combinant heureusement réflexion théorique et en-
quête empirique.

Dans *Les idéologies du ressentiment*, il en va tout
autrement, l'auteur s'en tenant le plus souvent à la
seule spéculation théorique. Il se livre en outre à un
changement de « paradigme », troquant l'analyse historique et sociale pour une interprétation de type

---

4. Marc Angenot, *1889. Un état du discours social*, Montréal, Le
Préambule, coll. « L'univers des discours », 1989.

psychologique, reprenant même la proposition de
Scheler, à savoir qu'il y a « un homme du ressentiment ». L'analyse psychologique centrée sur les désirs
et les fantasmes recouvre — et surdétermine comme
on disait naguère — l'analyse sociopolitique axée sur
les besoins et les intérêts. La conjoncture concrète perd
de son importance au profit de cette nouvelle entité,
« l'homme du ressentiment », semblable à lui-même en
tous temps et en tous lieux et faisant entendre dans
tous les « particularismes » son éternelle insatisfaction.

La description phénoménologique qu'en propose
Angenot, en suivant de près Nietzsche et Scheler, ne
manque pas de pertinence. Encore faudrait-il montrer
quelle réalité précise recouvre au juste ce type idéal. L'on
revient alors — comme dans un cercle vicieux — à la
thèse centrale de l'auteur : le ressentiment est partout où
l'on rencontre quelque chose qui s'apparente au « tribalisme ». Mieux : il n'en est pas une simple composante, il
« fait » et « soude » ce « tribalisme ». C'est donc une
« cause première » en quelque sorte — comme le Dieu
des philosophes rationalistes des Lumières —, un générateur destiné à servir de clef universelle, de passe-
partout dans l'analyse des individus et des groupes qui
s'abreuvent au ressentiment comme d'autres au whisky.

Nous avons affaire ici à une affirmation péremptoire, à une croyance, à un axiome s'imposant de soi.
Reste que, comme toute thèse, celle-ci ne saurait se
passer de démonstration. Un postulat peut être fécond
sur le plan heuristique, il peut stimuler la mise en chan-
tier de recherches passionnantes ; cela admis, il faut
encore faire la preuve de son rendement opératoire sur
le dur terrain du réel. L'auteur entend livrer la mar-
chandise par « l'analyse rhétorique », choix méthodologique dont relèvent pour une large part ses études
antérieures, et la « lecture symptomale » qui constitue

dans une large mesure une innovation vraisemblablement commandée par l'objet à prendre en considération et la position politique adoptée à l'endroit de cet objet : le débusquer et le combattre partout où il montre le bout du nez.

Lecture symptomale ou analyse de cas ?

L'analyse rhétorique constitue sans conteste un instrument qu'Angenot contrôle parfaitement, la pratiquant depuis au moins vingt ans et sur les objets les plus divers. Ici elle est mise au service de la description d'un discours caractérisé par un degré élevé de « pathos » et d'« hystérie » qui se présente comme une « folie raisonnante » et un « délire idéologique », mieux encore comme « folie raisonnante » au service dudit délire. Le ressentiment serait par suite une « *auto-intoxication* [5] » (p. 133) culminant à l'occasion dans une sorte d'ivresse qui, se saisissant de celui qui le porte, s'exprime dans des bouffées délirantes visant à intimider l'adversaire, à lui donner mauvaise conscience. C'est donc une maladie mentale, une pathologie de forme hystérique, que l'analyse rhétorique doit reconnaître et diagnostiquer.

La lecture symptomale, dans cette optique paramédicale, apparaît singulièrement appropriée pour l'étude de la « maladie » en question.

Le chercheur précise que ce type d'approche consiste à « interprét[er] radicalement (*avec les risques que cela comporte*) [6] des lacunes et des glissements d'idées

---

5. C'est Angenot qui souligne.
6. C'est moi qui souligne : ce passage signale le danger d'extrapolation qu'implique ce type de démarche. Angenot en semble ici conscient, ce qui témoigne de sa lucidité, mais ce scrupule ne l'habite guère en cours d'analyse.

" bizarres ", de singulières inconséquences. Aboutis-
sant à conclure que ce qui est dit en " surface " ne se
développe *que pour*[7] détourner l'esprit de certaines
conséquences et de certaines inférences. » (p. 113-114)
Combinée à l'étude « généalogique » de ces idées, une
telle approche permettrait de montrer que ce discours
lacunaire, fait de dissimulations et de sous-entendus
plus ou moins conscients, s'inscrit dans une série, appartient à une histoire, qu'il a « déjà servi — accom-
modé dans une autre sauce idéologique » (p. 157).

La méthode, on le voit, est d'inspiration psychana-
lytique. Le discours — y compris la doctrine sociopolitique, l'idéologie la plus explicite, la plus programmatique — comprend toujours deux niveaux : un
niveau de surface, relevant d'une certaine rationalité ;
un niveau plus obscur relevant de l'inconscient, de l'ar-
chaïque, qui est celui sur lequel s'attarde surtout la lecture symptomale. Ce niveau des « profondeurs » est
non seulement le plus important, il est aussi celui qui
détient la « vérité » du discours de premier niveau qui
est avant tout une entreprise de camouflage et de dis-
simulation, que cela soit volontaire ou non. De même
qu'en psychanalyse le discours latent (de l'inconscient)
détermine le discours rationnel tenu dans la vie quotidienne, le refoulé idéologique apparaît dans les trous,
les lapsus, les « idées bizarres » des doctrines et énoncés
sociopolitiques courants.

La méthode, en cela, s'apparente à « l'écoute flottante » de la psychanalyse à l'endroit des « associations
libres » du patient. Elle consiste à débusquer ce qui est
étrange, curieux, dans le discours, ce qui ressemble à
un « acte manqué ». Elle se propose d'en reconstituer
le sens en l'intégrant dans la logique des profondeurs

---

7. C'est Angenot qui souligne.

où il trouve tout naturellement sa place et sa fonction. Ainsi, le nationalisme moderne — apparemment démocratique et ouvert — manifesterait bien malgré lui, à travers certaines formules révélatrices d'une mentalité plus ancienne, son incontestable filiation à des formes antérieures d'ethnicisme et de tribalisme. C'est dans ce refoulé — qu'expriment gauchement certaines locutions figées, certains tics de langage — que résiderait sa «vérité» : le moderne n'est ainsi qu'une sorte de couverture de l'ancien, du nationalisme éternel, toujours associé, comme on sait, à l'extrême droite non moins éternelle.

Toute proposition est donc lisible à partir de ce qu'elle dit explicitement et de ce qu'elle révèle tout en ne le disant pas, elle vaut par elle-même et/ou par ce qu'elle cache. L'analyste s'assure ainsi d'être gagnant sur tous les tableaux. Si vous avouez le caractère ethniciste de votre nationalisme, par exemple, vous lui donnez raison. Si vous ne l'avouez pas, si vous affirmez que votre position n'a rien à voir avec le vieux discours tribaliste, qu'elle en est même l'envers, votre résistance, votre entêtement prouvent qu'il a encore raison. C'est la méthode qualifiée parfois de *double-bind* : peu importe ce que vous dites, l'analyste, lui, sait mieux que vous de quoi il retourne, car il détient la clef de l'interprétation.

En psychanalyse, on rencontre une démarche de cet ordre. Sauf que l'interprétation proposée par le thérapeute, grâce à l'écoute flottante, est validée par le «patient» qui la fait sienne — ou non — dans la mesure où elle éclaire effectivement ses conduites, où il peut, grâce à elle, faire des liens et retrouver la logique qui préside à ses comportements dans la vie quotidienne (qu'il pourra éventuellement modifier). Ce type d'interprétation, dans le travail clinique, n'est pas

« plaqué », il est suggéré à titre d'hypothèse dans le cadre d'un dialogue entre l'analysé et l'analyste. Hors de ce contexte, il est vrai qu'il autorise toutes sortes de divagations, d'extrapolations plus ou moins fondées à partir d'indices prétendument proposés par les textes pris en considération. Cette psychanalyse sauvage donne ce que l'on sait, prenant souvent la forme de ce philistinisme et de cette sophistique que dénonce inlassablement Angenot.

Utilisé par lui, ce type de lecture, opérant sur des productions idéologiques, deviendrait-il tout à coup rempli de promesses, particulièrement fécond dans l'analyse des discours de nature doctrinaire et programmatique ? Serait-il supérieur notamment à la méthode dite de « l'analyse de cas » ? Le moins que l'on puisse dire, c'est qu'Angenot n'en fait pas la démonstration dans son livre, se bornant à affirmer et à postuler l'éventuel caractère opératoire de la démarche.

Je donnerai rapidement quelques exemples pour montrer comment « ça marche » lorsque appliqué à des doctrines et à des mouvements précis.

Angenot parle à quelques reprises du féminisme qui serait plus souvent qu'autrement une manifestation de particularisme et de tribalisme. Il distingue un « féminisme de l'égalité », forme positive apparue en France et aux États-Unis durant les années 1960, s'imposant durant les années 1970, puis faisant place au tournant des années 1980 à un féminisme « différentialiste ». Le premier féminisme était démocratique, le second, s'alimentant au ressentiment, s'avérerait être un néotribalisme foncièrement séparatiste. Cette distinction est pertinente. Ces courants divergents coexistent dans le féminisme actuel ; le constat formulé ne pose donc pas problème. Mais Angenot s'empresse d'ajouter que le premier féminisme — celui de l'égalité — contient en quelque sorte le second comme les nuages la pluie, que le « moment volontariste » du mouvement est gros de sa transformation en « *backlash* de ressentiment » (p. 37)[8]. C'est pourquoi il faut s'opposer bien sûr à cette forme de séparatisme et, au delà, il convient de se méfier également de sa manifestation originelle — jugée positive —, car elle peut dégénérer dans sa contrefaçon tribale.

Le chercheur, armé de sa méthode de lecture symptomale, s'attarde essentiellement sur l'envers, le versant négatif, la face cachée — et sombre — des phénomènes qu'il évoque. Pour reprendre des expressions qui lui sont familières, il s'intéresse davantage aux « tabous » qu'aux « fétiches » des réalités qu'il examine. Ainsi, il ne retient du mouvement masculiniste que son aspect revendicatif et suiviste à l'endroit du féminisme. Or, si c'est là une dimension des regroupements masculinistes, il y en a une autre, plus intéressante et positive, qui consiste à vouloir engager un nouveau dialogue avec le mouvement des femmes et à construire avec celles-ci une société différente, fondée sur des rapports vraiment égalitaires aussi bien sur le plan de la vie quotidienne que sur le plan juridique. L'image du « malheureux mâle opprimé » porte aisément à rire, c'est une facilité qui n'exprime en rien la vérité de ce mouvement ainsi réduit à une mauvaise blague, à une caricature loufoque. Il en va de même pour l'écologisme, stigmatisé comme « triomphe du rousseauisme banalisé » — le rousseauisme, ce grand ennemi de Nietzsche et de Scheler —, promotion du « retour à une nature identifiée à la vertu » et allié « ici et là avec des nationalismes ou des régionalismes en stagnation » (p. 73-74).

---

8. C'est Angenot qui souligne.

Bref, dans chacun de ces mouvements, Angenot met en évidence le pôle négatif, fonctionnant bien entendu au ressentiment qui en constituerait, en dernière analyse, la vraie nature. Ce serait particulièrement patent dans le cas des nationalismes (des petites patries) qui ne sauraient être autre chose que des ethnicismes, des tribalismes (sinon des familialismes!). Et cela, en dépit de leurs prétentions et de leurs protestations — autant de dénégations! — qui peuvent peut-être tromper les naïfs, mais pas l'observateur guidé par la lecture symptomale : celle-ci est bien supérieure par la seconde vue qu'elle permet à l'analyse de cas qui ne peut que décrire des phénomènes de surface. Or, ces épiphénomènes n'ont de sens que par le double fond qu'ils traduisent à leur insu et que l'interprète sait percer et mettre à jour.

•

Dans ses travaux relevant de l'analyse du discours social, Angenot se réclamait de Gramsci, de Benjamin et de l'école de Francfort, de Bakhtine, de Foucault, de la tradition française d'analyse du discours (Pêcheux, Robin), et de la sociologie de Bourdieu[9]. Son approche relevait de la rhétorique et de l'histoire conçues dans une perspective matérialiste (marxisante).

Dans *Les idéologies du ressentiment*, cela ne se sent guère. La démarche matérialiste a fait place à une approche fondée sur la construction de types idéaux, une approche essentiellement déductive, procédant et se développant sur la base d'axiomes, de postulats, indiscutés et dotés d'un statut d'articles de foi.

---

9. Ce sont les noms cités dans un article à forte saveur programmatique : « Pour une théorie du discours social : problématique d'une recherche en cours », *Littérature*, n° 70, mai 1988, p. 82-98.

La notion centrale de ressentiment — construite à partir des travaux de Nietzsche et de Scheler qui paraissent avoir remplacé Bakhtine et Bourdieu (définitivement?) —, bien que présentant une certaine pertinence sur le plan phénoménologique, est utilisée de manière indifférenciée, abstraction faite d'analyses soutenues des contextes concrets, pour stigmatiser toutes les manifestations de la culture contemporaine qui ne trouvent pas grâce aux yeux d'Angenot, à commencer par les nationalismes modernes en général et celui du Québec en particulier.

La lecture symptomale remplace dans ce travail de déconstruction le dialogisme bakhtinien axé sur l'analyse concrète de la situation concrète, comme disait l'autre, et la sociologie du champ devenue tout à coup inopérante, car les «tribus» fonctionnent à l'unanimité, protégées des luttes, des rivalités et des conflits propres aux autres champs sociaux (traversés par le divers, l'hétérogène, la pluralité).

Ce changement de paradigme, ce renversement méthodologique, à première vue étonnants, trouvent leur signification lorsque rapportés au projet idéologique poursuivi dans cet ouvrage par Angenot. Les enjeux politiques appellent — et expliquent — dans une large mesure cette véritable, et assez stupéfiante, «conversion» théorique et méthodologique. On verra que cette réorientation, dans laquelle on est fondé à voir un dérapage, n'est pas que «théorique».

V

Les enjeux politiques :
statu quo ressentimenteux
ou indépendance émancipatrice ?

Les articles publiés dans *Le Devoir* le 13 juin et le 19 juillet 1996 [1] sont en continuité directe avec la prise de position revendiquée par Angenot dans les dernières pages des *Idéologies du ressentiment*. C'est le socle fondateur sur lequel reposent sa nouvelle orientation théorique et ses récents engagements idéologicopolitiques. Il importe donc de s'y attarder quelque peu.

Le parti pris antihumaniste
Le chercheur admet, *in fine*, que des « sentiments personnels » l'ont poussé à s'intéresser aux formes du ressentiment contemporain tout en prétendant avoir cherché à « objectiver ces sentiments en les muant en

---

1. Le dernier article ne renouvelle pas la problématique posée dans le premier ni même sa rhétorique. Entre les deux textes, Angenot n'a pas bougé d'un pouce, les arguments de ses adversaires étant reçus comme autant de preuves de la justesse de sa propre position. Le contraire aurait été étonnant compte tenu de la nature de ce type de « débat ».

instruments heuristiques qui peuvent servir en d'autres mains[2] »). Mais sur ces « sentiments personnels », Angenot demeure évasif, se contentant de réaffirmer qu'il n'y a rien de bon à attendre du ressentiment et maintenant que son ouvrage est le résultat d'un travail d'objectivation.

L'entreprise demeure donc logée à l'enseigne de la science. Il s'agit, précise-t-il, d'une « critique sociale et historique » et non d'une « critique moralisatrice qui aboutirait à blâmer la rancœur, la dénégation, le narcissisme de l'infériorité et du manque, les fantasmes de nivellement ou de vengeance, la peur et l'envie de l'autre » (p. 159).

L'ambition scientifique est à nouveau fortement revendiquée. Elle doit conserver sa priorité sur les « sentiments personnels » et les convictions politiques. Mais — et c'est ici qu'un glissement majeur se produit et que tout bascule — cette pensée dite critique implique une attitude d'« arrogance fatale » (p. 159) à l'endroit de ceux — individus et groupes — dont on se propose de décrire et d'expliquer les comportements.

Il s'agit, pour autant, d'une entreprise « *inhumaine* » qui doit, pour pouvoir progresser, mettre entre parenthèses « le souhaitable, ne pas empathiser avec le douloureux, ne pas se laisser toucher par les *pathos* de rage et les fantaisies de consolation » (p. 160)[3]. La science sociale, ainsi conçue, devrait être pratiquée comme une intervention chirurgicale ; elle devrait couper dans le vif, résolument, sans s'embarrasser de sentiments, sans se laisser troubler par les idio-

---

2. Marc Angenot, *Les idéologies du ressentiment*, Montréal, XYZ éditeur, 1996, p. 154. Les citations à venir de l'ouvrage seront signalées entre parenthèses dans mon texte.

3. C'est Angenot qui souligne.

syncrasies du patient sur lequel elle porte son bistouri. Elle doit, ajoute Angenot, se faire «nécessairement " de l'extérieur "»; une critique d'adhésion n'est pas une critique» (p. 160).

Ces propositions sont formulées sur un ton autoritaire comme si elles traduisaient des évidences communément admises par la communauté des chercheurs en sciences humaines et sociales. Or, elles relèvent d'une prise de position personnelle d'Angenot qui accommode ses recherches à ses nouvelles convictions nietzschéennes. Et elles présentent une double difficulté, sur les plans théorique et méthodologique et aussi sur le plan politique.

D'un point de vue théorique, rien ne prouve que ce parti pris antihumaniste garantisse le caractère scientifique d'une recherche. Rien ne permet de penser, surtout en sciences sociales, qu'une absolue extériorité, décrétée d'office, donne un meilleur accès au réel qu'une attitude inspirée par de la sympathie à son endroit. Comment, en effet, comprendre de l'intérieur ce qu'on prend en compte d'un poste d'observation complètement extérieur? Comment saisir le sens de certains états d'esprit et de certains comportements sinon par une compréhension interne, qu'on pourra, bien sûr, tenter d'«objectiver» par la suite?

En vérité, il faut, en ces matières, se situer tout à la fois dedans et dehors. Assez près pour appréhender de l'intérieur la réalité à l'étude, assez loin pour pouvoir la décrire et l'interpréter avec la distance exigée par la démarche scientifique.

Or, Angenot prétend être tout à fait à l'extérieur de son objet en adoptant une position qualifiée d'«inhumaine», portée par une «arrogance fatale», en quoi il s'exprime dans des termes qui rappellent la rhétorique cavalière d'un Jean Larose, autre nietzschéen du dimanche. Mais si l'on s'accommode aisément de telles facilités et frivolités chez un Larose, on les accepte plus difficilement lorsque énoncées par un esprit aussi rigoureux, généralement, qu'Angenot. Comment ne pas voir la contradiction énorme qu'il y a entre l'option idéologique, ces «sentiments personnels» évoqués par le chercheur, et sa prétention à l'objectivation scientifique?

Cette contradiction intenable se dénoue concrètement dans l'analyse effective des «idéologies du ressentiment» et déjà dans la définition même du poste d'observation idéal proposée par l'essayiste.

À la dernière page du livre, Angenot écrit, à propos du «principe éthique» qui guide son travail, qu'il faut «*détester rationnellement*» la domination et les idéologies qui la confortent et «travailler à extirper la sophistique du ressentiment *même là* où elle semble s'exprimer au nom de la justice» (p. 171)[4]. On ne saurait être plus clair que l'auteur qui demeure relativement froid, détaché, devant la domination et les dominants — se bornant à la «détestation rationnelle»: curieuse posture! — et tout à fait engagé, à chaud, dans son entreprise d'«extirpation» du ressentiment des dominés. À l'endroit de ceux-ci il ne fait pas montre de complaisance suspecte, en effet, la conservant pour ceux qui les oppriment et que les dominés dérangent avec leurs embêtantes réclamations.

Le parti pris d'antihumanisme théorique s'exprime par une absence totale de sympathie à l'endroit de ceux qui sont sensibles aux sirènes du ressentiment, aux dominés, aux «esclaves», qui tentent gauchement de trouver là une consolation à leurs malheurs. S'ils sont défavorisés, en situation de dépendance, c'est leur

---

4. C'est Angenot qui souligne.

faute : plutôt que de s'en prendre aux Maîtres, objets de leur convoitise, qu'ils s'en prennent à eux-mêmes, qu'ils fassent leur autocritique et acceptent sereinement leur sort s'ils sont incapables de le changer, qu'ils fassent preuve d'un peu de stoïcisme ! En ce point, Angenot rejoint totalement Nietzsche et Scheler, défendant une conception tout à fait aristocratique du monde, justifiant et légitimant la domination au nom du talent, de la supériorité de ceux qui savent triompher. Celle-ci est pour ainsi dire dans l'ordre des choses, il faut l'accepter avec sérénité, sans sombrer dans la fausse conscience — qui guette les dominants — et le ressentiment — qui berce dangereusement les dominés[5].

Toutes les propositions des *Idéologies du ressentiment* sont ainsi largement déterminées par ce pseudo-antihumanisme théorique qui, dans les faits, est au service de l'ordre établi et de la domination. Loin d'être une objectivation scientifique, ce livre est une machine de guerre et il faut être vraiment aveugle pour ne pas s'en rendre compte.

Or, cette machine de guerre, dans l'essai déjà, dans les articles publiés dans *Le Devoir* surtout, est d'abord

---

5. Ce monde, il faut l'accepter tel qu'il est, avec un certain réalisme cynique comme l'expose un Carlos Herrera, alias Vautrin, dans « l'éducation » à laquelle il soumet Lucien de Rubempré à la fin des *Illusions perdues*. Bien, mais dans ce petit jeu de citations à fonction justificatrice, on pourrait opposer cet autre enseignement du même Vautrin, à Eugène de Rastignac cette fois, sur l'origine presque toujours criminelle, frauduleuse, des grandes fortunes. Derrière toute richesse on trouve un cadavre, dit Vautrin dans *Le père Goriot*, et son discours est confirmé par la confession de madame de Beauséant, une grande dame du monde qui redit élégamment cette vérité première. Dans tout ça, bien sûr, pas de ressentiment ; rien que du sordide trafiqué, métamorphosé en noblesse et avec quoi il s'impose désormais de composer au nom du « réalisme cynique » !

conçue pour combattre le nationalisme en général, le nationalisme des petites patries s'entend, et celui du Québec en particulier.

L'ennemi principal :
le néonationalisme contemporain

Dans la hiérarchie des ressentiments proposée par Angenot, le néonationalisme constitue assurément la forme la plus répandue, la plus insidieuse et, partant, la plus dangereuse de ce sentiment. C'en est la manifestation la plus souvent évoquée — et dénoncée — dans son ouvrage, bien plus que tous les autres particularismes et localismes réunis. C'est pour ainsi dire la personnification même du ressentiment, son incarnation exemplaire.

Au Québec, il prendrait la forme du nationalisme péquiste, sorte de tribalisme concocté par des intellectuels ethniques au service d'une classe politique ambitieuse et sans scrupules qui l'impose frauduleusement à une population trompée et manipulée. C'est à ces intellectuels ethniques et aux politiciens opportunistes que s'en prennent vivement les articles publiés par Angenot dans *Le Devoir*. Ils reposent sur le postulat voulant que le nationalisme (des petites patries) est en soi réactionnaire, passéiste, essentiellement porté par le ressentiment, et sur la réduction, dans le cas québécois, de ce nationalisme au programme péquiste, ou à tout le moins à ce qui est tenu pour tel (car, on le verra, Angenot se « fabrique » un ennemi qui convient à sa visée).

L'argument de fond, Bourque et Duchastel l'ont signalé avec justesse dans leur réplique, n'est rien d'autre qu'une reprise de la vieille conviction trudeauesque, à savoir qu'il ne saurait exister d'autre nationalisme qu'ethnique et conservateur. Dans cette optique, tout nouveau nationalisme, ou prétendu tel, ne paraît être qu'une réincarnation du nationalisme dominateur qui imprégnait le fascisme et le nazisme.

Au Québec, le vieux nationalisme duplessiste (qui s'abreuvait plus ou moins dans l'œuvre de Lionel Groulx) était une incarnation locale, affadie et assouplie de ces doctrines, la volonté de conquête et d'impérialisme en moins, le ressentiment en plus (sous sa forme passive). D'où sa condamnation par un Trudeau, lucide sur le nationalisme duplessiste, profondément conservateur (en dépit de ce qu'en disent certains historiens «révisionnistes»), mais incapable d'évaluer le néonationalisme du début des années 1960 autrement qu'à partir de sa vision du duplessisme, incapable de prendre en compte ce qui émerge dans sa radicale nouveauté, tout juste apte à l'enregistrer, à le consigner, en le rabattant immédiatement sur l'ancien, le vieux nationalisme contre lequel ce néonationalisme justement se définissait.

Trudeau mettait ainsi l'accent sur la continuité plutôt que sur la rupture et condamnait le nouveau sur la base de l'ancien, se trompant d'époque et d'objet. On retrouve quelque chose de cet ordre chez Angenot pour qui le nationalisme forme un tout indifférencié, une nébuleuse dans laquelle il ne cherche visiblement pas à faire des distinctions et qu'il rejette en bloc et en détail sans y regarder de trop près.

Or, il se trouve qu'il n'y a pas qu'*un* nationalisme dans le Québec actuel, que celui-ci présente plusieurs visages correspondant à autant de sensibilités politiques et qu'il ne comporte pas la même orientation et le même programme selon qu'il s'inscrit dans une perspective progressiste, disons, ou conservatrice. Et à l'intérieur même d'une grande organisation politique comme le Parti québécois, il ne signifie pas la même chose pour l'aile sociale-démocrate (ce qu'il en reste),

pour les partisans purs et durs de l'idée nationale éri-
gée en absolu ou pour la direction pragmatique qui
contrôle actuellement cette organisation.

La conception tout-usage d'Angenot qui réduit le
national à l'ethnique et au tribal (et en bout de piste au
familial !) escamote ces distinctions non seulement utiles mais nécessaires ; elles permettent de comprendre,
de l'intérieur, et dans toute sa complexité, le néonationalisme québécois contemporain. Celui-ci prend sa
pleine signification à la lumière de l'Histoire dans
laquelle il émerge, en lien avec l'événement majeur du
Québec moderne, la « révolution tranquille » qui constitue elle-même une rupture en douce, bien que profonde, avec le régime social de la période antérieure.

L'auteur des *Idéologies du ressentiment* ne prend
pas en compte cette coupure, il projette le nouveau
nationalisme sur l'ancien en faisant l'économie du processus qui conduit de l'un à l'autre au prix d'une rupture et d'un renversement. Il le considère comme une
production abstraite, dé-historicisée, ce qui est pour le
moins étonnant chez un partisan autoproclamé de la
critique sociale et historique !

Or, seule une recontextualisation de cet ordre lui
permettrait de prendre une juste mesure du phénomène. Ce nouveau nationalisme apparaît en effet au
début des années soixante en lien avec le grand mouvement de décolonisation qui se produit alors un peu
partout sur la planète, en Indochine, au Proche-Orient
aussi bien qu'en Amérique latine. Il est pris en charge,
au Québec comme ailleurs, par la jeunesse et les forces
vives de la société qui refusent la situation de domination coloniale et l'état de sujétion dans lequel se com-
plaisaient les élites indigènes liées aux colonisateurs des
métropoles. Au Québec, c'est dans ce contexte général
que le néonationalisme naît dans le cadre de mouve-

ments politiques comme le Rassemblement pour l'indépendance nationale (RIN) créé en 1960, organisation à la fois sociale-démocrate et indépendantiste.

Toute une jeunesse s'y engage, se reconnaissant
notamment dans le programme de la revue *Parti pris*:
indépendance, socialisme, laïcisme. C'est donc dans la
mouvance de gauche que cette première vague d'indépendantistes recrute. Son orientation diffère — et radicalement — du nationalisme canadien-français traditionnel. C'est même cette rupture qui lui vaut
l'adhésion de la jeunesse et des forces progressistes qui,
cinq ou dix ans auparavant, étaient fédéralistes au nom
de l'antiduplessisme. J'en sais quelque chose. Au début
de l'adolescence, j'étais «libéral», lecteur de *Cité
libre* — eh oui ! —, partisan de l'antinationalisme de
Trudeau que je n'étais pas loin de considérer comme
un «génie», hostile à Groulx et à tout ce qu'il repré-
sentait, à tous les curés d'ailleurs, avec ou sans soutane.
C'est en 1960, à seize ans, que j'ai pris mes distances
par rapport à *Cité libre* et à son internationalisme de
façade et de parade qui n'était guère autre chose qu'un
travestissement de son option inconditionnelle en
faveur du fédéralisme canadien.

Le nouveau nationalisme, qui prend la forme d'un
indépendantisme offensif, va introduire un clivage au
sein des forces progressistes. Le «camp de la liberté»
va désormais se départager entre fédéralistes — libéraux du Québec et d'Ottawa, partisans du NPD — et
indépendantistes, les premiers devenant au fil des
années de plus en plus conservateurs sur les plans cons-
titutionnel et social (à l'exception du NPD), les
seconds, dans leur majorité, de plus en plus «progressistes» sur le plan tant social — se définissant le plus
souvent comme socialistes ou, à tout le moins, comme
sociaux-démocrates — qu'institutionnel.

La création du mouvement souveraineté-association, en 1967, qui prendra le nom de Parti québécois l'année suivante, représente un événement majeur dans ce processus. La nouvelle organisation réunit à la fois les éléments réformistes du Parti libéral du Québec, qui possèdent une sensibilité nationaliste, et les partisans du RIN et du RN (Regroupement national présidé par Gilles Grégoire, un ancien créditiste appartenant à la droite conservatrice). Il s'agit donc d'une formation hybride, composite, née, et c'est important de se le rappeler, d'une scission à l'intérieur du Parti libéral du Québec.

René Lévesque — cet « homme de bien », aux yeux d'Angenot, qui présente le double avantage de n'être plus là et de n'avoir vraisemblablement jamais été indépendantiste, du moins dans le sens que l'on donnait à ce mot au RIN ou à *Parti pris* — est un libéral, vaguement social-démocrate, un souverainiste non indépendantiste mais associationniste, ainsi que le signale si bien le programme de son parti. C'est, si l'on veut, un confédéraliste, partisan de l'union des deux États, canadien et québécois, dont « l'Option-Québec » prendra forme dans le cadre d'un parti reconnu, tout ce qu'il y a de plus respectable, formant une vaste coalition réunissant aussi bien les indépendantistes purs et durs — à la Bourgault — que les sociaux-démocrates — à la manière de Gérald Godin ou de Louise Harel — et les nationalistes traditionnels anciennement à l'Union nationale, le parti de Duplessis — comme Rodrigue Biron.

La fondation de ce parti représente une avancée à certains égards. Le nouveau nationalisme prend avec lui une forme institutionnelle, parlementaire : ce n'est plus un mouvement de rue. Le PQ devient rapidement une « opposition officielle » appelée à former un jour le gouvernement. Il effectue ainsi une percée décisive, mais au

prix d'une dilution certaine du programme indépendantiste originel. De la souveraineté-association de
Lévesque à la souveraineté-partenariat de Lucien
Bouchard, il y a un lien de continuité direct, contrairement à ce que croit Angenot, le partenariat accommo-
dant au langage du jour, au rythme du marché triom-
phant, l'association de naguère. Sur le fond, rien n'a
changé.

Cette orientation a fait l'objet de contestations dès
la création du PQ. Elles sont venues principalement de
la gauche du mouvement indépendantiste, des petites
organisations politiques socialistes qui gravitaient
autour du RIN d'abord, du PQ ensuite. Elles met-
taient en cause les visées essentiellement réformistes de
l'organisation souverainiste, modérément social-démocrate sur le plan des politiques sociales et pas vraiment
indépendantiste sur la « question nationale [6] ».

Cette gauche existe toujours aujourd'hui. On la
rencontre notamment parmi les animateurs de *L'Autre
Journal* et dans de micro-organisations socialistes et
indépendantistes (sous la direction de vieux militants
du mouvement indépendantiste et socialiste comme
l'ex-felquiste Paul Rose et certains trotskystes). Mais
elle est effectivement minoritaire (très!) dans le nationalisme québécois actuel.

Ce rappel aura sans doute paru redondant à ceux
qui connaissent bien l'évolution du Québec moderne.
Je l'ai effectué rapidement pour montrer que le nationalisme québécois actuel n'est pas monolithique. Il est,

---

6. Ce glissement, de nombreux essayistes en ont fait l'objet d'analyses très critiques, de Gilles Bourque à Laurent-Michel Vacher en
passant par Jean-Marc Piotte et bien d'autres. Se reporter notamment à Gilles Bourque et Gilles Dostaler, *Socialisme et indépendance*,
Montréal, Boréal Express, 1980, et Laurent-Michel Vacher, *Un
Canabec libre*, Montréal, Liber, 1991.

bien sûr, sous hégémonie libérale comme à peu près tout ce qui existe politiquement de manière significative aujourd'hui. Il est ouvert, moderne, réformiste, il ne se propose pas de changer radicalement l'ordre du monde, se contentant plus modestement de vouloir y faire participer directement le Québec sans avoir à passer — ou le moins possible — par Ottawa. Mais il n'est pas porté uniquement par ce courant néolibéral. Il est aussi revendiqué par une nouvelle gauche qui le défend au nom d'un projet global d'émancipation de l'ensemble de la société québécoise qui n'a rien en commun avec le vieux nationalisme canadien-français et guère plus avec la politique bonne-ententiste de l'actuelle direction du PQ et de ses alliés conservateurs de l'Action démocratique du Québec.

Mettant dans le même sac toutes les composantes du nationalisme québécois, Angenot procède à un amalgame réducteur, rapportant à un commun dénominateur ethniciste et tribaliste des positions qui n'ont rien — ou si peu — à voir. Le nationalisme du PQ est tout ce que l'on veut, prudent, libéral, réformiste, bonne-ententiste, conservateur, utopiste, naïf, mais il n'est en rien fondé sur une conception étroitement ethniciste de la nation qui ne comprendrait que les francophones « de souche » — comme on dit, mais qui utilise le plus souvent cette drôle d'appellation ? — ; il entend intégrer dans son projet d'un Québec moderne et pluriel tous ceux qui veulent bien y participer, d'où qu'ils viennent, peu importe le moment de leur établissement. Si une certaine gauche à laquelle j'appartiens s'oppose à lui, ce n'est donc pas pour cette raison-là, mais bien parce que ce parti fait preuve d'hésitation quant à ce projet même — que l'idée de partenariat rend flottant — et de conservatisme sur le plan social au fur et à mesure qu'il rejoint davantage les gens d'affaires, les entrepreneurs du Québec inc. qu'il préfère manifestement aux assistés sociaux et aux chômeurs.

Les adversaires du projet indépendantiste auraient tout intérêt à connaître davantage le mouvement national québécois, ne serait-ce que pour mieux le combattre en s'en prenant à la réalité de « l'ennemi » plutôt qu'à sa représentation caricaturale. Ce serait de « bonne guerre » et cela leur éviterait de s'engager dans des entreprises don quichotesques à la manière d'une Nadia Khouri dans sa défense du dossier Mordecai Richler.

La représentation que celle-ci se fait de la société québécoise — pour se faire peur, se procurer des frissons à bon marché? — est effarante, mystifiante et mystifiée. Elle distingue dans cette société deux réalités : celle du « Québec réel », progressiste, sûr de lui et bien sûr fédéraliste, et celle de ce qu'elle qualifie de « Québec des nationalistes », « clôturé », « renfermé », « émotif ». Ce Québec rabougri, frileux, passéiste, chauvin, ethniciste — mettez-en, c'est pas de l'onguent! — serait le produit d'une « médiocre classe politique » et d'une « poignée de doctrinaires[7] » qui lui imposeraient d'autorité la pensée unique. Dans cette représentation délirante, il y a donc deux Québec qui se retrouveraient en « décalage de phase » : celui, imaginaire, des nationalistes; celui, réel, d'une population abusée par des démagogues opportunistes.

Emportée par sa fureur, Khouri « oublie » que ce Québec « réel », « progressiste », « ouvert », accorde la moitié de ses votes (plus ou moins selon les scrutins depuis vingt ans) aux formations politiques dirigées par ces politiciens « ethnicistes » et « tribaux ». Par inconscience, parce qu'abusé par la « médiocre classe

---

7. Nadia Khouri, *Qui a peur de Mordecai Richler?*, Montréal, Éditions Balzac, coll. « Le vif du sujet », 1995, p. 13.

politique » à laquelle il s'identifierait au prix d'une
méconnaissance totale de ses véritables intérêts ? Si
c'était le cas, si cette fable avait quelque consistance,
cela prouverait à tout le moins que cette fameuse classe
politique n'est pas aussi « médiocre » que le croit l'avo-
cate de Richler, qu'elle possède un étonnant pouvoir
de persuasion.

Cette représentation du « réel » est elle-même
conforme à sa vision du nationalisme québécois.
Quand Khouri évoque celui-ci, ce sont les noms d'Yves
Beauchemin, de Jean-Marc Léger, de Raoul Roy (pas
le chansonnier, l'animateur de la *Revue socialiste* : un
défroqué du Parti communiste des années cinquante,
partisan de la décolonisation au début des années
soixante et promoteur aujourd'hui d'une forme de
nationalisme ethnique s'apparentant au lepenisme), de
François-Albert Angers, de Jean Éthier-Blais, de Pierre
Trépanier, autre fascisant proche de l'extrême droite
française, et bien entendu de Lionel Groulx, qui viennent comme tout naturellement sous sa plume.

Or, si toutes ces personnes sont incontestablement
nationalistes, elles ne représentent en rien la forme
moderne qu'a prise ce courant aujourd'hui et n'incar-
nent aucune force réelle. Trépanier appartient à une
tendance ultraminoritaire, Éthier-Blais est un vieux
maurrassien perdu dans le siècle, Angers est un vestige
de l'ancien nationalisme canadien-français, Léger est
un francophile « gaullien » très décroché, Groulx est un
spectre, un épouvantail qu'on peut toujours brandir
pour faire peur aux enfants [8], Beauchemin incarne une
tendance du mouvement — sa composante nationa-

---

8.   Je n'aborderai pas ici le « cas Groulx ». On sait que le vieux chanoine est devenu la bête noire des fédéralistes de la mouvance à
laquelle appartient Nadia Khouri. Bien, il n'est pas impossible qu'il

leuse — mais pas celle qui le dirige actuellement. En les choisissant comme représentatifs du nationalisme québécois moderne, Khouri se berne elle-même, substitue ses fantasmes à la réalité, se conforte dans son fédéralisme mais au prix d'une méprise totale sur ce qu'est ce nationalisme aujourd'hui.

Certains indépendantistes commettent des erreurs d'appréciation analogues lorsqu'ils identifient le fédéralisme au courant partitionniste. Cette tendance est minoritaire au sein du fédéralisme, elle en représente la forme extrémiste. Sa position est défendue par la direction actuelle de *Cité libre* à laquelle collabore Nadia Khouri et, même là, elle n'est pas partagée par tout le monde, semble-t-il. Le courant majoritaire au sein du fédéralisme demeure pour le moment celui, plus pondéré, d'un Daniel Johnson dans la classe politique, d'un Gilles Marcotte dans les milieux intellectuels. On y trouve également des défenseurs plus combatifs comme un Jean Paré de *L'Actualité* ou des hommes politiques comme Gérard Pelletier. Le fédéralisme comprend même une sensibilité plus « inquiète », si l'on veut, représentée par des anglophones progressistes, libéraux,

---

soit un monstre, un raciste, un antisémite de choc — tout peut arriver en ce bas monde et le pire est parfois le probable —; encore faudrait-il le démontrer et de manière probante, pas à partir de bouts de phrase sortis de leur contexte. Pour cela, il faudrait d'abord le *lire*. Or, Nadia Khouri, qui en fait son ennemi de prédilection, ne se donne même pas la peine d'aller au texte et d'en prendre directement connaissance. Ce qu'elle en « sait », elle l'a appris à travers la parole autorisée d'Esther Délisle. Pour quelqu'un qui reproche — à juste titre — aux détracteurs de Richler de ne pas l'avoir lu, c'est pour le moins une manière de faire étonnante. Pour le reste, le « cas Groulx » ne m'intéresse guère ; j'y vois surtout une manœuvre de diversion visant à escamoter l'essentiel, soit les enjeux contemporains liés au projet indépendantiste (avec lequel le chanoine n'a à peu près rien à voir sauf pour les débusqueurs de refoulés !).

comme Julius Grey ou Charles Taylor, avec lesquels les nationalistes peuvent dialoguer.

Les partitionnistes représentent actuellement une minorité, tapageuse mais à l'audience limitée. Ce sont des agités du bocal, des excités, qu'on aurait tort de considérer comme des porte-parole significatifs du fédéralisme courant. De même, en privilégiant quelques figures marginales du nationalisme québécois, comme Raymond Villeneuve et Gilles Rhéaume, en les percevant comme des symboles représentatifs de la collectivité, on se donne bonne conscience à petit prix tout en commettant une énorme erreur d'appréciation.

Or, Angenot reprend à son compte cette conception fantasmatique, diabolisant ses adversaires, les imaginant avec un couteau entre les dents, se préparant dans l'exaltation à des exactions tribales. C'est cette fantaisie, avec le caractère d'urgence qu'elle implique, qui paraît même avoir été l'élément déclencheur de sa propre intervention, sa première en trente ans de vie publique, précise-t-il dans son second article du *Devoir*; d'où son caractère dramatique et son pathos singulier, inhabituel chez cet intellectuel flottant généralement au-dessus de la mêlée.

Cette vision apocalyptique génère un pathos de crainte à partir duquel Angenot soulève toutefois une question stratégiquement importante, celle de la légitimité du processus en cours. La question est réelle, bien que grevée, en la circonstance, par des arrière-pensées directement associées à la conjoncture immédiate et à des considérations tactiques : comment retarder le plus longtemps possible une probable victoire électorale des nationalistes et éventuellement l'invalider juridiquement sinon politiquement ?

Légalité ou légitimité : *that is the question*

C'est à partir d'une évaluation négative du projet indépendantiste décrit comme « aventuriste, politiquement douteux et civiquement injustifiable[9] », imaginé comme la réalisation d'un scénario de catastrophe, qu'Angenot pose la question de sa légalité et de sa légitimité. La question est soulevée au moment où ce projet « aventuriste » vient tout juste d'obtenir une quasi-victoire électorale. À partir de quel pourcentage du suffrage populaire cette éventuelle victoire deviendrait-elle légitime, exprimerait-elle la « volonté réelle » du « pays réel » ? À partir de quelles exigences ce qu'il appelle dédaigneusement la « démocratie à la québécoise » pourrait-elle s'exercer ?

Mise de l'avant par Angenot, par les partitionnistes et par les fédéralistes partisans de la « ligne dure », la question apparaît davantage commandée par des préoccupations politiciennes que par des principes. Il reste qu'elle a un sens en elle-même et il est vrai que la plupart des nationalistes auraient sans doute été embarrassés par une trop mince victoire le 30 octobre 1995. Pour un changement aussi radical que celui de l'indépendance, une courte majorité rendrait la « gestion du dossier » assez difficile, pour parler en termes technocratiques. Surtout si cette victoire déclenchait, comme le prophétise Angenot, une période de désobéissance civile. Cinquante pour cent plus une voix, cela serait suffisant pour demeurer dans la Confédération canadienne ou pour y entrer ; ce serait insuffisant pour en sortir.

À cela que rétorquer ? Dans l'abstrait, il faut s'en tenir à la règle de la majorité absolue. Un vote pour

9. Marc Angenot, « Les intellectuels nationalistes et la Pensée unique », *Le Devoir*, 19 juillet 1996.

l'indépendance, même gagné de justesse, cela signifie, à condition que les règles du jeu soient claires et équitables, que ce résultat est légal et légitime dans l'état actuel des choses. On pourrait, bien entendu, décider que la majorité absolue, en cette matière potentiellement explosive, ne suffit pas, mais au nom de quel impératif démocratique ? Et comment déterminerait-on le niveau d'acceptabilité du nouveau seuil électoral ?

Sur ces questions on n'a sans doute pas fini d'entendre les juristes et les politiciens dont les avis seront vraisemblablement fondés sur l'option politique de chacun davantage que sur des principes strictement juridiques. Or, ce qui compte vraiment, ce qui apparaît fondamental dans le présent enjeu, c'est que la volonté populaire soit respectée et que l'accession à la souveraineté puisse se faire dans l'ordre si c'est bien là le désir de la majorité.

La volonté populaire a été respectée à la suite des deux premiers référendums québécois ; elle l'a été également après le référendum pancanadien sur le renouvellement du fédéralisme. En mai 1980, le PQ était au pouvoir ; il n'a pas procédé à un coup de force après la défaite du 20 mai. Il en a été de même à la suite de la courte défaite du 30 octobre. On ne voit pas trop alors au nom de quoi ce qui a prévalu en ces circonstances ne pourrait pas également prévaloir en cas de victoire, même modeste.

Cela étant, et Michel Verdon a eu raison de le signaler dans sa réplique, cette position ne dispense pas pour autant d'une réflexion qui s'impose sur l'enjeu politique impliqué par une victoire arrachée de justesse. Le pouvoir québécois, pour peu qu'on le soumette à une guérilla médiatique et juridique, aurait à gérer une situation extrêmement difficile, s'il n'arrivait pas par la suite à obtenir le ralliement — ou du moins la non-obstruction — d'une proportion significative de ses adversaires.

Aux yeux d'Angenot, cela n'est pas possible compte tenu de la résistance prévisible de certains partisans farouches du fédéralisme. Cela le sera d'ailleurs d'autant moins si ces extrémistes sont encouragés par des politiciens et des intellectuels trop « compréhensifs » qui devraient plutôt s'assigner la responsabilité de ramener au civisme les têtes brûlées. Les indépendantistes québécois, dans leur immense majorité, se sont dissociés naguère du FLQ qui se présentait comme leur avant-garde armée. Après quelques années d'activisme, les membres de ce mouvement ont eux-mêmes tiré la conclusion que leur action était inopportune — et illégitime — et ont pris la décision de le dissoudre et d'emprunter les voies démocratiques. Il revient aux fédéralistes d'en faire autant avec leurs propres activistes au lieu de jeter de l'huile sur le feu.

Le raisonnement d'Angenot là-dessus est spécieux. Il consiste à reporter l'odieux d'éventuels troubles civils non pas sur leurs auteurs présumés — agissant en « légitime défense », on suppose —, mais sur ceux qui, par leur choix démocratique, les auraient en quelque sorte provoqués. Or, si les actions des factieux en tous genres sont condamnables, si ce qui importe avant tout c'est que la volonté populaire soit respectée, il faut s'opposer à ces visées extrémistes en démontrant qu'elles n'ont aucun sens politiquement et qu'elles sont indéfendables dans un contexte démocratique. C'est d'ailleurs ce qu'ont commencé à faire les fédéralistes qui croient sincèrement à la démocratie, y compris lorsqu'elle peut impliquer des choix différents des leurs.

La mise en demeure qu'adresse Angenot aux intellectuels en les intimant de se dissocier du nationalisme ethnique apparaît singulièrement décrochée dans la présente conjoncture. Parce que ce nationalisme n'est pas, dans l'ensemble, d'inspiration ethnique : comment alors le rejeter au nom de ce qu'il n'est pas, au nom d'une projection fabriquée par un intellectuel confondant ses obsessions avec le réel ?

Le devoir des intellectuels, ce serait plutôt de critiquer ceux qui envisagent la désobéissance civile et la résistance armée comme réponses à une volonté démocratique qui ne leur conviendrait pas et qui sont démocrates dans la mesure où l'exercice électoral sanctionne leurs options.

Cette argumentation fallacieuse mérite d'être prise en considération non pas pour ses vertus civiques, mais parce qu'elle s'offre comme un révélateur cru des intentions de certains jusqu'au-boutistes si jamais le « oui » devait l'emporter au cours d'un prochain référendum. Elle est utilisée, du moins par certains, comme une manœuvre d'intimidation dont l'objectif est de préserver l'actuel *statu quo*. Si elle devait réussir, elle renverrait les Québécois à leur vieux nationalisme, tissé par les griefs et le ressentiment justement, qu'ils tentent de dépasser dans le projet indépendantiste.

Angenot ne prendrait sans doute pas le « maquis » à la suite d'une victoire du « oui », mais sa « compréhension » de la réaction partitionniste irait-elle jusqu'à la justifier et à l'encourager ? À cette question, il ne répond pas dans son second article, se contentant de signaler que les nationalistes ont « tout fait pour diviser cette société ». Oui, mais laquelle ? La canadienne ou la québécoise ? Les indépendantistes ont en effet pour objectif de mettre fin, pour ce qui concerne le Québec, à l'« unité canadienne ». Ils entendent lui substituer une nouvelle unité dans le cadre d'un projet qui fait sens si l'on croit, bien sûr, qu'il y a telle chose qu'un peuple québécois.

Il n'est pas besoin d'être indépendantiste pour en arriver à cette dernière constatation. De nombreux fédéralistes en conviennent. Seulement, ils estiment que l'indépendance n'est pas la meilleure solution pour le peuple québécois, ils jugent que le fédéralisme peut favoriser tout autant son épanouissement. Les indépendantistes proposent une évaluation différente. Ces deux options renvoient à un présupposé commun, à savoir qu'il existe réellement une société distincte au Québec, différente du reste de l'Amérique et dont il faut protéger la singularité — qui est perçue comme une richesse. Et c'est entre ces deux options, ces deux propositions, que les citoyens ont été et seront appelés à opérer un choix décisif.

Pour ceux qui n'admettent pas cette réalité, ce débat n'a pas de sens et relève d'on ne sait trop quelles curieuses et archaïques querelles interethniques. Ce qu'ils ne veulent pas voir, c'est que la réaction partitionniste est celle qui s'apparente justement le plus à de telles situations dans la mesure où elle érige le particularisme en valeur sacrée légitimant à l'avance d'éventuels débordements guerriers.

À tout prendre, le débat sur la légalité et la légitimité de l'option indépendantiste, bien que constituant une facette de la « question nationale », n'est sans doute pas déterminant. La sphère juridique est d'une importance capitale dans nos sociétés modernes, elle régit la plus grande partie des rapports sociaux, mais elle demeure subordonnée au politique qui fait et défait les lois, institue le Droit, sanctionne le Code.

Ce n'est donc pas à cette instance qu'il revient d'opérer des arbitrages en ce qui concerne les choix de projets de société globaux, mais bien à la volonté populaire s'exprimant dans le cadre et le respect des normes démocratiques les plus élevées. Rien, en dépit des tentatives dilatoires de certains, de leurs entreprises relevant de la casuistique, ne saurait et ne devrait dispenser la collectivité québécoise d'effectuer et d'assumer ses choix en pleine conscience et en toute liberté. C'est à elle qu'il appartient de trancher entre le maintien du *statu quo* (actuel ou amélioré) générateur de ressentiment, entretenant une mentalité de griefs à l'endroit d'Ottawa, ou une indépendance qui pourrait s'avérer être une étape décisive de son émancipation.

Pour conclure

En terminant, et pour en finir au moins provisoirement avec cette discussion, je formulerai, à la manière d'Angenot, quelques remarques, sous forme de capsules — dont chacune pourrait donner lieu à de longs développements —, sur certains aspects de ce débat qui m'apparaissent particulièrement importants.

La référence nietzschéenne

On a vu qu'elle est massive dans *Les idéologies du ressentiment*. Elle remplit une fonction théorique ; Angenot se fonde largement sur la pensée du philosophe pour construire sa notion de ressentiment. Elle assume également une fonction instrumentale dans la description de certaines réalités désignées par ce concept : du christianisme au nationalisme en passant par le féminisme (doctrinaire), l'écologie, le mouvement gay, etc.

Mais elle joue un rôle encore plus central en tant que « principe éthique ». Elle renvoie à une posture et elle implique une rhétorique.

Cette posture, c'est celle du prophète, du génie, convaincu de sa supériorité et qui contemple le monde avec mépris. Il n'appartient pas — ou si peu, par ses faiblesses parfois — à la vile humanité qui se débat dans la plaine ; il vit ailleurs, sur les hauteurs de la montagne, dans la solitude et l'exclusion volontaires.

Son discours est celui de l'imprécation contre un monde qui s'enfonce dans la décadence, engourdi par les chants doucereusement consolateurs du christianisme et des socialismes contemporains. Aux morales de résignation et de compassion proposées par les esclaves, il oppose la morale orgueilleuse et égotiste des maîtres et des hommes supérieurs.

Le mépris est ainsi conçu et pratiqué comme un envers de la soumission. Certains, ici, s'en nourrissent, le revendiquent sous la forme d'une « saine arrogance » (Jean Larose) ou d'une « arrogance fatale » (Marc Angenot). Cela permet d'avoir raison contre tous puisque les autres, sauf les disciples (et encore !), sont des imbéciles. Cela permet aussi d'échapper aux nécessaires et souvent douloureuses autocritiques.

On peut sans doute tirer d'autres usages de cette référence. Une certaine modernité « progressiste » se réclamait, il y a vingt ans, de Nietzsche aussi bien que de Marx et de Freud. Le trio constituait le « saint-esprit » de ce courant — auquel j'ai appartenu — qui procédait peut-être un peu rapidement à ce curieux mariage.

Marx et Freud, ça peut toujours aller (encore que !), mais Nietzsche et Marx, c'est l'union des contraires : antihumanisme d'un côté revendiqué fièrement en tant que tel, humanisme révolutionnaire de l'autre. Comment se réclamer de l'un *et* de l'autre ? Il faut choisir. La référence marxiste, malgré tous les problèmes qu'elle soulève, me paraît plus utile que la nietzschéenne.

La « pensée » du ressentiment

C'est la notion clé de l'essai d'Angenot. Le ressentiment existe, bien entendu, comme attitude psychologique et peut-être plus largement chez certains comme attitude « existentielle ». Il inspire des comportements, il légitime — tant bien que mal, souvent en toute mauvaise conscience — des gestes, des paroles, des discours. Il se reconnaît dans des doctrines, des idéologies. Scheler décrit très bien le phénomène dans son livre.

Le ressentiment fournit une grille de lecture du monde. Il propose une explication à une situation vécue comme insupportable. Mais il en demeure prisonnier. Il ne permet pas de la dépasser. Est-il pour autant, ce sentiment diffus, ce mouvement de conscience, une idéologie, et davantage encore une « pensée » ?

Angenot le croit et il assigne à cette « pensée » une fonction fondatrice : c'est elle qui ferait et souderait les tribus. Ça me paraît très exagéré.

Le ressentiment comme attitude existentielle — vitale, disait Scheler — pourrait peut-être tenir lieu d'« habitus » au sens bourdieusien. Mais il serait alors le produit d'une « position », résultant de la condition d'un groupe particulier. Cette perspective est écartée d'emblée par Angenot au profit de son concept tout-usage qui lui permet de stigmatiser ses adversaires. Le concept est construit à partir de préoccupations sociopolitiques et il est soumis à des finalités idéologiques.

La lecture symptomale

Elle est particulièrement appropriée au projet poursuivi : repérer, débusquer tout ce qui s'apparente de près ou de loin au ressentiment et qu'il faut combattre comme virus, comme la peste brune.

Comme le concept dont elle relève en la circonstance, c'est une méthode tout-terrain, travaillant aussi bien sur les formulations explicites que sur les non-dits. Rien n'échappe à sa vigilance. Elle permet de construire aisément une représentation du réel en accord avec les postulats de l'analyste. Elle retrouve une cohésion derrière les incohérences, elle sait établir la «vérité» qui échappe aux acteurs. Elle autorise à les juger à partir de cette reconstruction largement imaginaire.

L'historien et le sociologue cèdent la place à «l'analyste» qui transpose sur le terrain sociopolitique la démarche clinique. Les réalités sociales à l'étude sont envisagées comme des «pathologies». On procède à leur analyse sous la forme d'un diagnostic établi à partir de quelques indices et symptômes révélateurs. Après quoi, on intervient en coupant, en «extirpant» ces maladies dangereuses.

Le savant et l'idéologue

Comme savant on propose une notion. Celle du discours social, qui inspire durant vingt ans ses propres travaux et ceux de proches collaborateurs.

La notion est particulièrement stimulante. Elle favorise de nombreuses recherches empiriques dont les résultats sont consignés dans des ouvrages importants reconnus pour leur rigueur. On crée un centre qui attire plusieurs chercheurs, jeunes et enthousiastes. On fait école. On assoit son autorité qui s'impose tout naturellement. Cette autorité est reconnue et fait l'objet d'un large consensus.

Tout à coup, on délaisse — pour toujours? — cette notion et on en crée une autre en fonction d'impératifs dont le caractère scientifique ne s'impose pas d'emblée. On réajuste sa démarche en conséquence: d'historique, elle devient «psychosociologique». C'est un renversement d'importance commandé par l'idéologie qui est maintenant au poste de commande.

Le nouveau concept et la nouvelle démarche seront-ils aussi fructueux que les premiers, feront-ils école et autorité? On peut en douter. Affaire à suivre.

Vrais et faux problèmes

Les débats soulèvent toujours les deux aspects — vrai ou faux, réel ou imaginaire — des problèmes abordés.

Angenot fait remarquer avec beaucoup de justesse que « les oppositions binaires entre particularisme et universalisme, entre identitaire et cosmopolitisme découlent elles-mêmes d'une fausse querelle » et qu'« elles n'existent ou ne se figent que dans l'esprit de rancune et de suspicion : s'intéresser à la diversité du monde n'exige pas au préalable de dissoudre schizoïdement en soi toute identité et d'abjurer toute tendresse et fidélité aux siens [1] ».

Je pourrais contresigner cette phrase à deux mains, sans aucune réserve. Mais rien n'est simple et cette proposition si souvent reprise dans le discours néonationaliste québécois, Angenot ne veut pas ou ne peut pas la lire et la reconnaître. Elle y est pourtant mais, comme elle s'oppose à sa représentation de ce nationalisme, il ne la *voit* pas ; il lit autre chose dans la phrase, un double fond qui l'invalide. Ce nationalisme, décidément, est d'autant plus ethniciste qu'il prétend ne pas l'être. Sans compter qu'il est hypocrite et trop lâche pour s'assumer comme tel.

Le débat s'enlise, tourne en rond. La sophistique exécrée chez les autres envahit votre propre discours, portée par les partis pris et la mauvaise foi qui rôde, rendant tout véritable échange impossible.

L'éthique de la discussion, dont on se réclame, exige un minimum de bonne foi. On prétend n'en pas manquer alors que l'adversaire, lui, est toujours en déficit à ce titre. C'est pourquoi on n'entend pas ce

---

1. Marc Angenot, *Les idéologies du ressentiment*, Montréal, XYZ éditeur, 1996, p. 152.

qu'il dit, on ne lit pas ce qu'il écrit. On entend et on lit ce qu'on attend de lui, ce qu'il devrait dire et écrire compte tenu de ce qu'il est (de ce qu'on en imagine).

Quand les options sont trop tranchées, le débat rationnel n'est pas possible. Ce ne peut être qu'une autre forme de guerre. Il faut parfois l'admettre et renoncer à convaincre l'adversaire (y compris lorsqu'on l'estime). De toute manière, on ne le fera pas changer d'idée : celle-ci est arrêtée une fois pour toutes. On intervient alors pour agir sur d'autres qui n'ont pas encore choisi définitivement leur camp.

Le projet indépendantiste

On ne trouve guère d'allusions à ce projet chez les antinationalistes de principe. Il est vrai qu'on n'en rencontre guère plus chez les péquistes qui préfèrent parler de souveraineté *et* d'association (ou de partenariat) et dont plusieurs ne sont visiblement pas indépendantistes.

On peut très bien être indépendantiste sans être péquiste. Surtout lorsqu'on se situe à gauche. Il n'est pas facile d'être à la fois progressiste et péquiste. Certains opèrent la synthèse au nom du « réalisme » ; je n'arrive pas pour ma part à m'y résoudre, demeurant un franc-tireur de l'indépendance — comme beaucoup d'autres.

Un projet est essentiellement déterminé par un à-venir. Dans le cas de l'indépendance, il comporte une bonne part d'utopie. Il s'agit de créer du neuf à partir de ce qui existe déjà. C'est la fusion — en acte, en programme — d'une histoire, d'une tradition et d'un destin commun à bâtir en prenant le futur pour horizon. En l'occurrence, il s'agit de reconstruire une cohésion sociale — en ces temps de dispersion et de désenchantement — en regardant en avant : créer une société

plurielle sur la base de valeurs communément parta-
gées et d'une solidarité s'inscrivant dans le quotidien.
Autrement, c'est l'anomie comme indépassable horizon.

Les antinationalistes ne peuvent imaginer que ce
Québec ouvert, pluriel, puisse passer de quelque façon
que ce soit par le nationalisme. C'est un postulat, une
croyance. On ne peut rien opposer à cela ; tout ce que
l'on peut faire, c'est aller de l'avant et montrer que l'indépendance peut rimer avec liberté, égalité, fraternité.

Le programme des Lumières

On évoque volontiers les Lumières en ces temps
de crise. Les Lumières, c'est le triomphe de la Raison
contre l'obscurantisme et l'ignorance. La Raison représente une arme contre la tradition et l'ordre établi des
seigneurs et des clercs.

Cette Raison trouve son incarnation politique dans
le programme de la Révolution française : liberté, égalité, fraternité, programme qui suppose la démocratie
(républicaine). Cette visée est ensuite reprise par les
diverses formes de socialisme qui fleurissent depuis son
apparition au milieu du siècle dernier.

Le socialisme qui s'est imposé historiquement sous
la forme du communisme connaît aujourd'hui une
crise profonde. Il s'est effondré pratiquement dans la
plupart des pays où il a été confronté à l'épreuve du
réel. Il s'est effondré aussi théoriquement comme pensée de l'Histoire et politiquement comme mythe
eschatologique. Cet affaissement, peut-être plus que
dans d'autres cultures politiques, exprime dramatiquement la perte de sens généralisée qui affecte nos sociétés modernes. Comment garder l'espoir en l'absence
des grandes Croyances qui procurent cette dimension
centrale à nos choix et à nos actes ?

Le retour au programme des Lumières survient dans cette conjoncture de vacuité idéologique, politique et plus largement culturelle et spirituelle. Encore faut-il le reprendre au complet. Angenot, avec d'autres, en retient essentiellement la visée rationaliste et libérale. L'égalité, c'est le nivellement par le bas ; la solidarité, c'est de l'humanitarisme. Sa république est faite par et pour les puissants et les riches de ce monde. Dans son second article du *Devoir*, il se réclame pourtant de la social-démocratie. La partie théorique de son essai s'édifie, au contraire, sur sa négation : allez y comprendre quelque chose !

Le programme des Lumières, oui, mais au complet : la Raison, le progrès, mais avec le partage des richesses et l'égalité juridique et sociale.

Le rôle des intellectuels

Les intellectuels sont d'abord des individus engagés dans des activités de recherche, d'enseignement, de communication (au sens large du terme). Leur travail est par définition de nature réflexive ; ils ont donc en principe plus de temps pour « penser » que leurs concitoyens davantage sollicités par l'immédiat, le quotidien. Comme citoyens, ils ont à faire des choix comme tout le monde. Et, sauf en cas de crise majeure, on ne voit pas au nom de quoi ils devraient faire preuve d'unanimité.

Ils interviennent parfois en bloc lorsque de grands principes sont en cause : ainsi la Vérité (contre l'intérêt national) dans l'affaire Dreyfus, la menace fasciste durant les années 1930, la liberté des peuples à l'époque de la décolonisation. En temps « normal », ils s'engagent — ou s'y refusent, se vouant totalement à leurs travaux spécialisés — selon les clivages politiques qui nous sont familiers.

Un intellectuel après trente ans de silence sort de sa réserve (on pourrait dire méchamment qu'il était plus que temps!). Il exige de ses collègues qu'ils s'engagent résolument dans la lutte contre un Monstre qu'il vient de découvrir, le néonationalisme moderne qui a lui-même plus de trente ans.

Ce danger avait échappé jusque-là à sa vigilance. Après trente ans de retenue, il fait enfin entendre sa voix en poussant un cri de colère. Son indignation, on voudrait bien la partager; encore faudrait-il qu'il y ait péril en la demeure.

Les intellectuels québécois ne sont pas plus lâches — ni plus courageux — que les autres et ils seraient sans doute nombreux à se manifester en cas de danger réel, la montée d'un véritable fascisme par exemple. Mais jusqu'à nouvel ordre — Dieu merci — il n'y a pas ici d'équivalent du lepenisme. Ils ne sont tout de même pas pour sauter à pieds joints, et les yeux bandés, dans la drôle d'équipée qu'on leur suggère contre des moulins à vent.

La «pensée unique» n'est pas là où le croit Angenot. Elle s'incarne aujourd'hui dans le néolibéralisme, la dictature du marché, la primauté à peu près indiscutée de l'argent, *ultima ratio* présidant à la gestion des rapports sociaux dans notre monde moderne. Un intellectuel critique peut préférer s'engager sur ce terrain-là plutôt que sur celui d'un danger potentiel, le nationalisme ethnique, que l'histoire récente du Québec rend très aléatoire.

Sur la «question nationale», également, son rôle est de demeurer vigilant. S'il est au PQ, il doit s'assurer que le nationalisme civique demeure au cœur du programme et des politiques de son organisation. S'il n'y est pas, il doit rappeler que l'indépendance n'est pas la propriété de ce parti, que la «question nationale» n'est pas d'abord une affaire politicienne. Elle concerne l'ensemble des citoyens québécois, y compris ceux qui lui font obstacle et pour qui elle doit aussi être réalisée.

L'intérêt général coïncide rarement avec celui des organisations particulières (qu'elles soient politiques, économiques, professionnelles, récréatives, etc.). Si les intellectuels ont une « mission » singulière, c'est bien de rappeler à tous que ce que l'on appelait naguère le « bien commun » doit primer dans la vie sociale, au delà de tous les particularismes, y compris bien sûr le nationalisme lorsque porté par des visées ethnicistes.

L'indépendantisme représente un dépassement du particularisme et du localisme auxquels le Québec est réduit dans le fédéralisme canadien. C'est pour cela qu'il est soutenu par de nombreux intellectuels. Il s'inscrit dans le mouvement général des peuples vers la liberté qui est l'une des formes contemporaines de la revendication démocratique. C'est du moins sa prétention. C'est ce qui en assure la légitimité.

L'indépendantisme est assomption et dépassement — en acte — du ressentiment lié à une Histoire, assomption et dépassement d'une domination qui n'est pas seulement « nationale », mais aussi sociale et culturelle. Il représente une étape névralgique dans la conquête d'une émancipation globale.

(10-25 juillet 1996)

DANGER

LE
PHOTOCOPILLAGE
TUE LE LIVRE

Cet ouvrage
composé en Galliard corps 10 sur 12
a été achevé d'imprimer
en novembre mil neuf cent quatre-vingt-seize
sur les presses de

«L'IMPRIMEUR»

Cap-Saint-Ignace (Québec).